Svenska Medeltidens Rim-krönikor:
Gamla Eller Eriks-krönikan, Volume 1...

Gustaf Edvard Klemming, Svenska Fornskriftsällskapet

Nabu Public Domain Reprints:

You are holding a reproduction of an original work published before 1923 that is in the public domain in the United States of America, and possibly other countries. You may freely copy and distribute this work as no entity (individual or corporate) has a copyright on the body of the work. This book may contain prior copyright references, and library stamps (as most of these works were scanned from library copies). These have been scanned and retained as part of the historical artifact.

This book may have occasional imperfections such as missing or blurred pages, poor pictures, errant marks, etc. that were either part of the original artifact, or were introduced by the scanning process. We believe this work is culturally important, and despite the imperfections, have elected to bring it back into print as part of our continuing commitment to the preservation of printed works worldwide. We appreciate your understanding of the imperfections in the preservation process, and hope you enjoy this valuable book.

SKRI-ODNINGAR.	HELIGA BIRGITTAS UPPENBARELSER. 1.	HELIGA BIRGITTAS UPPENBARELSER. 2.	HELIGA BIRGITTAS UPPENBARELSER. 3.	BONAVENTURA. — GREGORIUS AF ARMENIEN.	SVERIGES DRAMATISKA LITTERATUR.	HELIGE BERNHARDS SKRIFTER.
			Fortsättes.		*Fortsättes.*	*Fortsättes.*
F. S. S. 13.	F. S. S. 14: 1.	F. S. S. 14: 2.	F. S. S. 14: 3.	F. S. S. 15.	F. S. S. Bibliogr. 1.	F. S. S. 16.

SVENSKA MEDELTIDENS RIM-KRÖNIKOR. 1.
Fortsättes.
F. S. S. 17.

SVENSKA MEDELTIDENS

RIM-KRÖNIKOR.

.

———

FÖRSTA DELEN.

GAMLA ELLER ERIKS-KRÖNIKAN.

—•◦⸱※⸱◦•—

STOCKHOLM 1865.
P. A. NORSTEDT & SÖNER.
KONGL. BOKTRYCKARE.

GAMLA ELLER ERIKS-KRÖNIKAN.

FOLKUNGARNES BRÖDRÅSTRIDER

MED EN KORT ÖFVERSIGT

AF NÄRMAST FÖREGÅENDE TID.

1229–1319.

EFTER HANDSKRIFTER

UTGIFVEN AF

G. E. KLEMMING.

STOCKHOLM 1865.

BIBLIOTHECA

REGIA

MONACENSIS.

HERR STATSRÅDET

F. F. CARLSON

SOM SJELF HÄFDATECKNARE

KRAFTIGT BEFORDRAT DENNA UPPLAGAS FRAMTRÄDANDE

EGNAS HON

MED TACKSAM VÖRDNAD
AF
UTGIFVAREN.

INNEHÅLL.

INNEHÅLL.

Fortsättning.

———

BIHANG.

Namn-Register till Gamla Krönikan.

A.

B.

Erik, **hertig**, son af konung Magnus, 1263; 1424—4067; 4267, 70, 78, 82, 83; 4415, 72; 4505, 34.

Erik, **konung** af Danmark, kallad Glipping, 822, 39, 51, 52; 932 —49, 75; 1094; 1128; 1232.

Erik, **konung** af Danmark, kallad Menved, 1232, 38; 2157— 74, 87—2212; 2600—4, 46; 2727, 28, 38, 40, 42, 95, 99; 2862 —75; 3166—3257, 86—3321, 33; 4024, 28—30; 4381; 4525, 27.

Erik, **konung** af Danmark, kallad Plogpenning, 373, 85—416; 567—83, 90.

Erik, **konung** af Sverige, kallad Läspe, 29—106, 57, 63, 64.

Esta **skär 504.** (*I yngsta red.* toffta skär.)

Estland **3926.**

Etak (etake, abl.), i Vestergötland, 862, 99; 901.

Eufemia, drottning i Norge, Håkan VI:s gemål, onämnd, 1884, 86: 1916—25; 2241—43; 3103, 7; 3570.

F.

Fagerdala (fagradall), i Småland, 2182.

Fanö *se* Fånö.

Fikke **2891.** Orätt för Sigge [Halstensson Örnsparre].

Finveden (fynuedhe) 857.

Folke **jarl** 232—38.

Folke **Jonsson** [Blå] af Fånö 2482—93.

Folkungar **37** o. f., 51, 55; 238—269; 1012—35, 43 o. f.

Fooss *se* Lyder.

Friser (frisa) 586.

Frysja **bro** vid Oslo, onämnd, 2952.

Fånö (fanö) 2482.

G.

Gavian (gawion) 1395.

Gelqwist **1078.**

Gerhard (gert) I, grefve af Holstein, 792; 1038, 39, 51—73.

Gerhard **II,** grefve af Holstein, onämnd, 2801.

Gerleff (eller Gerlak) [Swalabek?] 3876.

Gestrikland (gestringa land) 57.

Getskogh [Gützkow i Pommern?] 1142.

Gotland **3458.**

Gråmunkeholms **kloster** 1188—97; 1265; 4433—39.

Grävie (gräwia) 2748. (Förmodl. i Bjära härad af Christian-
stads län.)
Gullbergs hed och slott 2258.
Gum 1962.
Guds riddare [= Tyska ordens riddare] 292—342.
Gudzsärk [Boson?] 3274—79.
[Göta]elf (älwin) 2879; 2914; 3353; 3547.
Göta skär 4196; 4231.
Göter (göta) 455; 2985.

H.

Haak *se* Karl.
Halland 828, 79; 2415; 2752.
Haralder, Folkunge, 36.
Haralder 1487.
Hatuna 2576; 3864,
Hedvig af Rawensburg, dotter af Otto II, Thyrgils Knutssons 2:a
hustru, onämnd, 1946—67.
Helena *se* Elena.
Helge Baat, Norrman, 3002 o. f.
Helgeandsholmen vid Stockholm 4424.
Helsinge, Helsingar 1550, 55.
Helsingborg (helsinga borgh) 1227; 4350.
Helvig (helewigh) af Holstein, drottning i Sverige, 791—815;
1036, 39, 54, 55, 36—65.
Henrik van Kyrna 1560.
Herwadz bro 251.
Holmger Karlsson 1106.
Holmger [Knutsson], Folkunge, 36, 57—65.
Holstein (holzeta land) 2802.
Holveden (holawidh) 3224; 4099.
Howa (hoffwa &c.) 692; 707; 825.
Humblarum 3222. (Orätt i hds. Kumblarum.)
Hundhamar 498; 2570.
Hvit *se* Palne.
Hvita träsk [= Ladoga] 1485, 92.
Håkan VI, konung af Norge, 1835, 38, 65, 69, 71; 1905—14;
2219—42; 2370—73; 2679—83; 2877—2912, 29; 3042—48,
61; 3102—11; 3331—45, 62, 68, 85, 98; 3405, 39, 88—92;
3511, 54—56, 67; 4524, 27, 32.
Håtuna *se* Hatuna.

I.

Ingeborg, dotter af konung Erik Knutsson, Birger jarls gemål, 75—88; 358—64, 72—81.

Ingeborg, dotter af konung Magnus Ladulås, konung Erik Menveds gemål, 1238—43.

Ingeborg, dotter af konung Håkon VI, hertig Erik Magnussons gemål, onämnd, 1835 - 37, 65; 2678—86; 3104; 3439; 3506, 11, 66—79; 3978—80.

Ingeborg, dotter af konung Erik Presthatare, hertig Valdemar Magnussons gemål, onämnd, 3506, 12, 13, 66—79.

Ingemar [Nilsson], Dansk, 1000—35, 40, 45, 53, 79.

Ingermanland (inger land) 1657.

Ingermanländingar (ingerboo) 494.

Isar (eller Yser) *se* Colrat.

Iwan, riddare, 1560; 3270.

Iwar Jonsson, Norrman, 2997; 3062.

J.

Jakob, grefve af Halland, 1854—59; 2407—15; 2699 o. f.; 2909, 10.

Joar Blå (blaa) 167—198.

Jon, erkebiskop, 484.

Jon, jarl, 491—97. Hans hustru 498—507.

Jon Karlsson, Folkunge, 1046—89.

Jon Philipsson (philpusson), Folkunge, 1046—89.

Judas 3633; 3767, 69.

Jutta, dotter af konung Erik Plogpenning, 594—623.

Jälbolung [= Bjälbolund?] 522.

Jönes Blå (bla) 3149. Kallas i andra handskrifter Iwar.

Jönis Olofsson (*eller* Jacobsson *eller* Ebbasson) 4017.

Jönköping 3226, 64—81, 88.

K.

Kalfsund 3050; 3110. (*Oriktig form* kloffswnd *i yngsta red.*)

Kalisch (kaliis) i Polen, 637.

Kalmar (kalmara, kalmarna) 803; 3250, 58, 63; 3624; 3984, 95.

Karelen (karela land) 487; 1495; 1502.

Kareler (karela) 475; 515; 1345; 1697.

Karl, Folkunge?, 35. (Karl Ulfsson?)

P.

Palne Hvit, Dansk, 865, 98—905.

Paris 3363.

Peder Benktsson 3484.

Peder Porsse, Dansk, 879—81; 968—97.

Peder Porsse den yngre, Dansk, 1562; 1862.

Peder Skåning (skanung) 1104.

Pekkinsaari (pekkinsäär), ö i Ladoga, 1516.

Percival (persefall) 1395.

Philip (philpus) [Finvidsson] af Runby, Folkunge, 1048, 90—93.

Plata *se* Erengisel.

Porsse *se* Knut *och* Peder.

Przimislaw II, hertig af Kalisch, konung af Polen, gift med Rikiza, Valdemars dotter, onämnd, 637.

R.

Rakkaby, i Vestergötland, 2058.

Ramundaboda (romundabodha) 700.

Rawensburg (rawensborgh) 1947.

Rhen (riin) 2267.

Rikiza, dotter af konung Valdemar, 634, 36.

Rikiza, dotter af konung Magnus Ladulås, onämnd, 1177—79.

Ringstad 567.

Rom (room) 4163.

Rudolf af Diepholtz, onämnd, 639.

Rumby, rättare Runby, 1048.

Ryna bro 829.

Ryssar (rytza) 156; 494; 1338 och flerestädes.

Ryssland (rytza land) 487; 1494.

S.

Sanda 844.

Sigge [Halstensson Örnsparre] 2891.   Orätt Fikke i hds.

Sigge Loke 1378.   I andra hds. Lake.

Sigtuna 481.

Skanör 4352.

Skara 1036, 77; 3070; 3217; 3980; 4253.

Skeninge 1208; 4171.

Sko 63.

Skåne (skane) 828; 2725.

T.

Tyskar (tytzska, tyzsko, thydiska men, tydeske) 249; 674; 2761, 72, 84, 92; 3168; 3235, 60; 3326; 4202; 4344. En Tysk (titzsk, tyzsk, tydisk) 2780; 3871; 4097.

Tyskland (tytzland, tydisland, tytzska land &c) 791; 1945; 2672; 3382; 3598.

U.

Ulf Karlsson [Ulf] 874—77.

Ulf Svalabek, »Gerleffs broder» (samme man?) 3876; 4244; 4370.

Upland 2720; 4442.

Upländingar (wplenningia) 3987.

Uplänsk (vplenzsk &c), i bemärkelse af Svensk, 248; 873; 952; 1011, 31, 99; 1111, 22; 1372; 1542, 68; 1630; 2661, 63; 2869; 2961; 3326; 4336, 51; 4543.

Upsala 785.

V.

Valdemar, konung af Sverige, 173; 204; 368—419; 538—1141; 1282—1301; 2631.

Valdemar, hertig, son af konung Magnus Ladulås, 1263; 1822 —27; 2339—4064; 4267, 70, 82, 83; 4416, 73.

Valdemar IV, hertig af Slesvig, 2805.

Valram skytte, Tysk, 3871; 4246; 4368.

Varberg (wardbergh) 2404—15; 2681, 87; 3263.

Varnhem (varneem) 530—35.

Vatland, södra delen af Ingermanland, 1657.

Vend (wind), från Venden, 4097.

Vermland (wermaland) 722, 84; 2363.

Vernamo 3214.

Vestergötland 778, 83; 3327; 4100.

Vestgötar (wesgöta) 676; 3284; 3988.

Vestmanland (vesmanna land) 251.

Vexiö (vexio) 858.

Viborg 1328—40, 53.

Viken 3396.

Vind *se* Vend.

Vinzleff [= Witzlaf], furste af Rügen, 1894—98.

Visby 4176.

Visingsö 1244; 2057; 4031.

Värend 857.

Y.

Ymseborg (ymsa borgh) 1060.
Yser *se* Isar, Colrat.

Ä.

Älwin *se* Göta elf.

Ö.

Örebro (örabro) 2817.
Öresund (öra swnd) 2728.
Örkelljunga eller Örkellynga *se* Odhkna liunga.
Östergötland 2721; 4081 (östra götland).
Östgöte (ösgötzsk) 81.

———

Gud hawe heder äro ok looff
han er til alskons dygd vphooff
all jorderikis frygd ok hymmerikis nade
thy han er welduger ouer them bade
5 at giffwa ok låna hwem han thz an
wel er then thz forskylla kan
werldena hauer han skipat swa weel
hwar her swa liffuer tha er han sääl
Thz han gömer hans helgha budh
10 tha faar han hymmerikis friid mz' gud
Verldena hauer han skipat swa widha
skogh ok marka bergh ok lidha
lööff ok gräss vatn ok sand
mykin frögd ok margh land
15 Ok eth ther med som swerighe heter
hwar som nor i werldena lether
Tha faar han fynna huar thz er
godha tiägna finder man ther
ridderskap ok häladha godha
20 the Didrik fan berner vel bestodo
huro herra ok första hawa ther liffuat
thz finder man her i bokenne scriffuit
huro the hawa liffuat giort ok farit
her star thz scriwat huru thz hauer warit
25 hwo thz hauer ey förra hört sakt
nw ma han thz höra hauer han tess akt
fore lust at höra fagher ordh
ok skämptan [mz] oss til wy gaa til bordh

FÖrst aff en konung han heet Erik

30 han haffde rikit alt vnder sik
Swa at han var welduger ouer alt
huat han giorde gaff ok galt
Som han thz satte swa skulle thz staa
the ther amoth melto the waro faa

35 vtan knwt ok karl ok än flere
badhe haralder ok swa holmger
Thz war tha folkunga rothe
the waro konungenom mest a mothe
The striddo mz honom ok wnno sigher

40 ok giordo skadha mykin ok digher
J Olustrom stodh thera strid swa stark
at erik konunger flydde til danmark

2 konungen ok hans men the flyddo
the waro tha flere som knwte lyddo

45 Sidhan wart knuter til konung walder
ok liffde ther epter skaman alder
liffde ther epter skaman riidh
Ok sidhan wart ather en annor strid
Erik konung war tha ey seen

50 ok kom tha i rikit ather i geen
Folkunga sampnado sik ok tha
ok wildo konungenom annan tiid besta
Erik konunge lykkadis tha bäther
ok wan tha sigher i sparsäther

55 folkunga flyddo ok haffdo tapat
then bleff döder som thz war skapat
Til gestringa land flydde holmger tha
Ther loot konung Erik han faa

Ok loot sidhan hugga honom howodit aff
60 ok loth honom fylgia vänlika til graff
loot han erligha beganga
mz klerka the han kunne fanga
Jnnan eth kloster thz heyter skoo
ther badh han sik i leggia för än han doo
65 gud gaff honom nader oc giorden hälagh
huar gudi tiänar han er säligh

Erik konunger var nokot swa läsper wid
haltan thz war ok hans sidh
Han storkte gerna skäll ok räth
70 ok älskade gerna sin eghin äät
han hiolt hwsära ok ädela sidh
ok bondom gaff han godhan friid
A alwora kunne han sik wel forsta
mz torney kunne han ey mykit vmga
75 Jngeborgh swa heyt hans syster
henne tymade ok thz mangom lyster
at gifftas tha hon kom til sin aar
Ther vider tror jak at werldin star
Tha waro the mange henne badho
80 tha wart konungenom thz til radha
han gaff henne en ösgötzskan man
birger kallade folkit han
han war född er i biälbo
ok ward en järl för än han doo
85 The wordo rätteligha samman giffwin
mz kirkionna räth som han star scriffwin
ok med the lagh som tha waar
ok liffdo saman mang aar

3

Tha bödh konung erik ouer alt sith rike
90 bade riddare ok riddare like
Swa ok bönder oc tiänistomen
swa som herra plägha oc än
at sighia synom mannom til
taghar han eth örlogh driwa wil
95 Swa bödh han them til hedith land
ok satte thz sinom maghe i hand
at han skulle wara thera forman
for thy at han trodde bezst a han
Hans magher took ther gerna widher
100 han ville ok gerna vitha hans heder
Ok redde sik tha wapn ok tyghe
raska häladha ok oblyghe
Hielma plator ok panzere
wordo tha gäwe ok giordos flere
105 Huar redde sik tha i sin stadh
ok giordo gerna huat konungen badh
Ok skuto wt snekkior ok löpande skutör
marger stor peninga knwter
ward tha löster ok giffuen them
110 ther tha skuldo skilias vid thera heem
Ok wisto ey nar the komo ather
vridhna hender ok starker grater
vard tha aff mange frwo sedher
Tho gladdos the at gudz hedher
115 skulle meras aff then färdh
mangt eth gamalt fädernis swerd
wart tha nidher aff naglom kränkt
som ther haffde manga dagha hengt

Them wart tha venlika följt til strand
120 helsados wel ok tokos j hand
marghin röder mwn ward tha kust
som aldrig kystes sydhan aff hiertans lust
thy at the saghos summi aldrig meer
aff tholkom skylnad tolkit skeer
125 Them bleste bör the segldo thädhan
the hedno reddo sik ok mädhan
The wisto wel at the skullo koma
A thera skadha ok engen froma
The crisno lagdo ther til hampna
130 marge otalike gylte stampna
matto hedne men ther see
ther mera matto sörgia än lee
The toko thera baner oc gingo a land
them crisno gik ther wäl j hand
135 thera skiölla loto the ther skina
ouer alt thz land ok hielma sina
The willo thera swerd gerna fresta
vpa the hedna taffwesta
Som iak wenter at the giordo
140 gul ok sölff ok starka hiorde
The taffwesta tha vndan runno
the hedno tappado the crisne wnno
Hwa them wille til handa gaa
ok cristin warda ok doop wntfa
145 honom lotho the gotz ok liiff
ok friid at liffua alt vtan kiiff
Huilkin hedin ey ville swa
honom lotho the dödin ouergaa

The crisne bygdo ther eth feste
150 ok satto ther i vine ok neste
Thz hwss heyter taffwesta borg
the hedno haffua ther än fore sorg
The satto thz land mz crisna men
som iak vänter at thz star oc än
155 Thz samma land thz vart alt cristith
jak tror at rytza konungen mistit

Erik konung doo hemma mädhan
raskelika foro budin thädhan
Ok tith som tha herren var
160 then dwalde ekke som budin bar
taghar then kom som budin förde
thz lastade huar then man thz hörde
Ok badho alle wel for hans siel
for thy han liffde mz rät oc skäl
165 Huar skulom vi nw konung faa
ther rikena kunne swa wel forsta
Tha var hemma en riddare god
ok saa til huru riket stodh
5 Han heyt herra joar blaa
170 han var swa välluger i rikit tha
huat han giorde ok huat han loot
thz war almoganom enkte amot
han walde tha birgers son valdemar
til konung som honom til retta baar
175 Then tiid birge jerl kom hem
tha wart han vreder summwm them
Ther hans son haffde til konung takit

ok sagde hwi er ekke heller jakit
Fore thy at han ville rikeno rada
180 som han ok giorde fore them badha
Ok sporde hwo thz göra thorde
herra joar sagde thz war iak thz giorde
wy seem attu äst en äldre man
ok tik er förre waan at dö än han
185 Thy vildum wy honom rikit giffua
vi hopum at han skal lenger liffua
Thy skalttu ekke warda vredh
wiltu ey haffuat tessa leedh
Tha withom vy huar en annan sither
190 oc tw gör aff thenna huat tu gither
Tha huxade birger jerl ena stund
ok swarade sidhan tessa lund
Hwar vilin i tha at konung skal vära
jak veyt i maghen ey konung ombära
195 Tha swarade herra Joar bla
Thenna kiortil jak hauer här aa
ther wil iak en konung vtfaa
Ok lather thu tik ey nöghia
tha fiöl jerlin jnnan en fögha
200 haffwen then samma j hawin takit
wy gitum inthe at honom vrakit

Birger jerl atte syner fyrra
een then rikena skulde styra
Then älzte han heet valdemar
205 ther konungs nampn ok krono baar
Tho ware the barn ok ouer magha

ok ey swa komen til thera dagha
at the kundo än landom radha
vtan liitto til thera faders nadhe
210 Tha kom birge jerl til walda
6 sidhan vildo yfreno mz honom halda
Huat skal man radha för än han veyt
tokt ok snille ok ädhelaheyt
Tha satte han honom en tuktomester
215 en riddare then som honom var betzster
honom lärde tukt ok ädhla sidh
ok fik honom huat han torffte widh
alden skogha ok fiske sioa
brytia qwerna ok landboa
220 han fik honom yffrid godz ok ränto
riddara ok swena ther honom tiänto
Then annen han heet benedict
them skortade ey gotz eller rikt
Then tridie heet magnus oc fierde erik
225 Var thz i skemptan eller leek
Tha hioldo the ä bade saman
huat thz gik til vrede eller gaman
The waro alt jamlika satte
ok huar thera viste sin deel han atte
230 Faderen fik them beskeden deel
taghar them war faat tha lagdin them till

FOlke jerl war en erliken man
rikesins forman tha war han
Han war swa höwelik dugande oc wiis
235 swa at alle men gaffuo honom priiss

thz han var en erligh herra
han doo affbrat oc thy var verra
Han haffde ena starka vällugha slekt
the lifdo sidhan mz digher ospekt
240 Oc striddo opta mz digher makt
swa som här er för i bokenne sakt
Een aff them heet junker karl
han satte sik a moth birge järl
birge jerl ville ok han fordriffua
245 ok alla the ner honom ville bliffua
Folkunga sampnado sik ather tha
ok toko folk huar the kunno faa
vplenzska danska oc nordmen soma
ok thydiska men som vidherla koma
250 The wordo tha swikne i rette tro
jnnan vesmanna lande vid herwadz bro
Birge jerl ok biscop koll
var herra gaff ther til eth tool
The loffuado them tro oc sworo them edha
255 oc villo them felugha til sik ledha
Ok talado for them yffrid slät
ok sagdo at the villo haffuat til säät
Swa at folkunga lagdo thera vapn nid
thy at biscop koll haffde sworet them frid
260 Ok gingo til thera ouer ena aa
ther loth them jerlin hoffwod aff slaa
Jwnker karl war ekke thär
ther varo tha yffrid marge när
Tha gik folkunga äät
365 wald ouer ok mykin oreth

7

folkunga ok thera frender
dogho tha marge alle i sänder
Ok fingo tha swa ilt affslagh
the koffrado sik ey än i dagh
270 Sidhan thorde engen a mot jerlin standa
ä huat han ville haffua til handa
Joncker karl ok han the wordo sidhan satte
thy at han saa at han bäter formatte
Tho drogh huar wid annan strug
275 mz krankan vilia ok ondan hugh
Ok jäuade huar thera om sik
ok räddis huar aff androm swik
Tha ville jerlin lata honom forgiffua
ok vnte honom ekke wel at liffua
280 En riddere lot honom vidher wara
ok rädh honom at han skulde fara
tith han matte liffua vtan kiiff
ok ware feligher vm sith liiff
Ok lothe sith gotz sik tho ränta
285 sölff ok gul ok lothe thz henta
ä tith som han ware
thz som honom til retta bare
Thz skulle honom engen man formena
oc ther med kleda sik ok sina swena
290 til werldin matte sik än vm wenda
ok honom matte högre lykka henda

Till gudz riddara han tha ouer foor
en här aff lättugha digher oc stoor
ffoor the gudz riddara tha a hand

295 ok war tha komen a thera land
thaghar the bröder hördo thz vara sakt
tha sampnado the saman sina makt
Ok wildo them ther gerna bestanda
ok wisa them fara heem til landa

300 Tha talado the gudz riddara ther om
til jonker karl aff swerighe kom
Jonker vilin i mz oss stridha
eller vilin i oss här hema bidha
Jak vil mz ider i then striid

305 Jak gör å nokon lettugha oblid
huat iak ville thz nöduger lata
myn hielm myn brynia ok myn plata
skal warda aff hednom mannom stöt
giter iak myna synder ther mz böt

310 Tha er mit liiff ther til ospart
gud ma ok vilia iak giter mik wart
skal iak oc döö er mik thz skapat
tha faar iak hymmerike jak hauer ey tapat
The strid gik saman ok starklika stod

315 swa at man matte wada öuer foot i blod
Swerdin bitu ok hielmane gullu
the hedno striddo the crisno fullo
The bröder sagdo jonker fly
wy tappom striden iak sigher for hwi

320 Thy wär at vy ärom alt vffa
then ionker swarade ok vm sik saa
nw seer iak engen fly aff ider
jak vndrar hwy man mik thz bider
at iak skal göra mik then last

325 aff hednom mannom mangen kast

8

war ther saman dragen ok brender
ther then daghen doo for hans hender
Jonker tw skalt thz swa forsta
at waar ordin sigher swa
330 at wy maghum frukta engen död
aldrigh komum wy i swa harda nöd
fore nogra hedna manna hand
wy ärom her borgh for cristin land
Hwar hedne koma saman ok wy
335 äro the hundrada ok wy ärom tii
Tha maghum wy ekke fly tess heller
then kätilin i heluite weller
han er hedna manna deel
ok wy hörom varom herra till
340 Swa sigher oss scriptin ok helag ord
at för wart blod er kalt a jord
Tha er war siel i hymmerik
then jonker swarade huat sigher tu mik
Thz samma er ok mit hoop
345 jak tror ok til then gud mik skoop
at tool iak her for hans skuld död
han giffuer mik mz sik hymmerikis ödh
haffwin i ider thetta vilkoradh
tha er thz mik ärfft ok vpaboret
350 Thz engen man ma fly aff idher
thz skulin i vitha jak flyr än sidher
9 Then daghen stridde han til han doo
nw er han i hymmerike thz er myn tro

Tha birge jerl thetta fraa
355 han talade ok til hymmelin saa

Gud haffue hans siäl i hymmerik
ok haffue loff at han er skilder vid mik
Hans husfrwa loth han wel beganga
mz alla the klerka hon kunne fanga
360 Han war henne frende thy giorde hon swa
än tho at them sampde ey wel vpa

EN tidh kom birge jerl i hugha
at han skulle tala til sin husfrwa
Ok talade til henne tessom lundom
365 qvinnor fynna ok godh rad stundom
huro tykker tik här vm wara
ther skaltu mik wel til swara
vm war son som konunger är
han er oss badhum hionom ämkär
370 huar han matte ena jomfrw faa
at rikit matte tess bäther staa
Jngeborgh huat sigher tw mik
Aff danmark konung erik
han hauer väna döther fäm
375 myn son faar wel ena aff them
Tha swarade hon som hon wel kunne
söth ordh aff rödhum mwnne
J skulin spörya idra men at radha
biscopa ok riddara ok swena badhe
380 huat the sighia thz maghen i höra
swa som ider sämber swa maghen i göra
han loth sina men tha til sin koma
the gerna villo vita hans froma
ok sporde them alla at radhe

385 om hans son konigens dotter bade
huro them allom ther om totte
vm han thz ewintyr forsökte
The sagdo alle thz ma wel swa
riken sämber thess bäther aa

390 vil han honom henne giffua han skal hona festa
thz tykker them allom wara thz bezsta
Riddara ok swena wordo tha kledde
frome hälade ok men vrädde
The hans erende skullo fara

395 ok blidelika kunno antswara
å huat konungen gripe vpa
thz skullo the alle wel forstaa
The fingo ther blid oc god antswar
han sporde huro gamal konungen war

10 400 The sagdo han er vpa tiunda aar
liiff ok likama ok swa hans haar
haffuer gud alt skapad swa well
honom fölger with snille ok skell
Tukt ok synne hauer han kär

405 han gläder alt thz mz honom vmgär
Mill ok manligh er han badhe
konung erik sagde thz er stor gudz nade
han er then bezste ther jak weeth
hauer gud swa mykin werdugheth

410 vpa then första vnga lakt
som jak hauer hört ati hawen sakt
jak tror wel ati sighin saat
jak giter myna dotter ey bäter stat
jak wil honom henne gerna giffua

415 gud lathe them lenge saman liffua
mz gläde ok frögd mang aar
Tha war konung waldemar
blidh tagher han the tidende hörde
han foor ey slappe honom tidenden förde

420   Then jomfrw war wän ok stolt
tagher bar hon et hierta holt
til konungen mykit meer än föör
then er glader ther goth spör
Tha hon thz sporde at hon skulle wara
425 Drotning i swerige ok krono bera
Tha badh hon drotningen i hymmerik
giff mik lykko mz honom ok honom mz mik
hon war vänlika förd til landa
mz store frygd for vtan wanda
430 mz mykin heder ok mykin tukt
ok haffde henna fader hukt
at giffua mz henne sölff oc gull
jak weyt ey manga twnnor full
Tha wart honom thz til radha
435 at han ville sina bönder ey vnada
Vtan gaff mz henne twa köpstada
ther Danmark haffde aff lithin skada
trälaborgh ok malmöya
ther loth konungen sik at nöghia
440 J ymninge thera bryllöp war
bryllöps klede mangt eth paar
til thz bröllop skorin waro
the ther herra ok riddara baro

11

aff baldakin ok sindall
445 ther war ok en erligh saal
Ther the herra jnnan satho
medhan the badhe drukko oc atho
Ther war duster ok bohord
Danz ok leker ok fagher ord
450 hörde man bade vte ok jnne
tokt ok höwisk laat ok synne
goder kost ok ädela sidh
mykin aghe ok starker frid
Then jomfrw heet soffia
455 Hon wart sidhan drotning göta oc swia

Tha gaff birge jerl the lagh
ther sidhan haffua standit marghan dagh
At syster matte erffua mz broder
tridiwngh bade epter fader ok moder
460 Ok swa annan skyllan man
tha skal hon ärffua swa fast som han
Ther til gaff han hemfrid
huat jnnan er grind ok gardzlid
warder man dräpin eller saar
465 tha er thz ogilt huat han faar
Then som vtan komber til
vm husbondin misferma wil
Varder then som hemit agher
entingia bloduger eller blaar
470 eller han fanger mera meen
tha ryme ok kome aldrig i gen
för än han hawer bätrat thz han bröt

ok bidhi for honom som skadan löth
Swerige haffde mykin vadha
475 aff karelom ok mykin onadha
The foro aff haffuit oc vp i måle
bade i lugne ok swa i åle
alt hemelika jnnan swia skär
ok optast å mz stylda här
480 en tyma fiöl them en then luna
at the brändo wp sightuna
Ok brändo thz swa alt i röther
at then stadhin fik ey än böther
Jon erchebiscop wart ther slagen
485 tess war mangin hedin fåghen
at them crisno gik swa illa i hand
thz gledde karela ok rytza land
Ok trösto sik ther alle wiidh
ok flytia sik a at göra ofridh
490 Thz er swa sant som jak her läss
Jon jerl ward dräpin i askaness
Ther vte haffde warit nyo aar
swa at han aldrigh mållom hema war
ok striit mz rytza ok ingerboo
495 fore gudz skuld ok the helga troo
försto nat ther han kom heem
tha ward han slaghen i häll aff them
Hans hustrw rymde til hundhamar
hon haffde sorgh ok mykin jammer
500 j sith hierta' ok i sin hugha
tha took the ädela rena frwa
Ok sampnade folk ok mykin makt

12

ok drap them alla swa er mik sakt
vpa eth berg som heyter eesta skär
505 Alle loto the liffuit ther
Ok loot dragha thera skip a land ok brenna
fore thy at sorghin var tha komen til henna
Slikan wanda lagde han
birge jerl then wise man
510 han loot stokholms stad at byggia
mz dighirt with oc mykin hyggia
eth fagert hwss ok en godhan stadh
Alla leedh swa giort som han badh
Thz er laas fore then sio
515 swa at karela göra them enga oroo
Then sio er god iak sigher for hwi
nyttan kyrkio sokner liggia ther j
Ok vm kring sion siw köpstäde
ther er nw frögd ok mykin gläde
520 ther för war sorgh ok mykin qwidha
aff hedna men them giorde oblidha
birge jerl doo j jälbolung
thz lastade bade gamal ok vngh
at hans liiff matte ey lenger vinna
525 mykit got badho honom qvinna
Han gaff them swa starken räth
ok näfste mangin som giorde oreth
swa at them matte engen göra ofrid
vtan han hätte halsin wiid
530 til eth kloster fördo the han
honom fölgde margen erlik man
The mwnka the äro graa

ok boa a land äria ok saa
thz kloster thz heter varneem
535 jak tror han hwilas ther mz them

Then tid birge jerl war dödher 13
tha sampnado the sik alle bröder
konung valdemar took tha wid rikit
swa som faderen haffdit likat
540 Ok han wart hertoghe magnus
yffuer sudermanna land ok nyköpungs hwss
Ok ower alt thz som vnder hertugadömit laa
swa sampde them allom brödrom aa
Jonker erik fik ok sin deel
545 sith fäderne först sidhan län ther til
Hertogans rothe wart tha mere
Oc riddara ok swena wordo tha flere
the ther hertoganom til hörde
ok han mz sik til torney förde
550 Hertoghin ville tha mere radha
tha took them först skilia badha
Ok konungen wilde han ekke lata
radha meer än wäl til matho
Drotningen bar oc widher them hak
555 the gotho henne siellan giort til tak
Konungen war stolt ok fagher
ok hertogen nokot swart ok magher
Thy kallade hon honom ketla böter
Tho war han bade a hender oc föther
560 skapader wel a alla lidhi
ok hiolt a tokt oc godha sidhi

Hans broder kallade hon erik alzenkte
Huat han henne ther amoth tänkte
thz weyt iak ey vtan a gäth
565   vtan heller haffde iak enkte än thz

DAnmark thz fik digher skadha
thz konung erik aff ringstadha
han bleff swa jammerlika döder
han var forradin aff sinom bröder
570   Hans broder het hertugh abel
han gaff sith rad ok vilia ther tell
thz man honom nidh i slää sänkte
Ve ward honom at han thz tenkte
Fatighe fiskara hitto vpa
575   hans liik hwar thz a grunden laa
Ok fördot til landz i thera baat
önkelika dödh ok illa waat
Huar man honom förde eller baar
ther brunno liwss ä hwar han war
580   The gud nid aff hymelin sende
oc the helgo ängla tände
Gud hauer giort han swa säligh
at han er i hymerike häligh
14   Abel var tha konung en lithen riidh
585   sidan vart han dräpin i strid
han wart släghin i häll aff frisa
Nw haffuer han i heluite engen lisa
we er them swa köpä jorderikis ödh
at han skal thola i heluite nödh

590   Then helge konung erik
han haffde twa döther epter sik
The ther ogipta waro
ok jomfrw nampn baro
Annar heet jwtta oc annor agnis
595 The matto wål badha haffua tess priss
At gud haffde them mykin vänlik giwit
mere än her star aff them scriuit
Jwtta hon fik swa mykin traa
hon sagde at hon kunne ey böter faa
600 vtan hon finge sin syster see
hwat heller henne var vell eller we
The drotning jnnan swerige war
ok hona atte konung valdemar
The villo henne enom manne giffua
605 hon sagde at hon ville jomfrw bliffua
Tha wart them allom thz til radha
mz hon swa stundade ok swa tradhe
vil hon til sin syster fara
hwi skulom wy thz widh hona spara
610 Ok reddo til gangara ok forgylt smide
ok god klede hon skulle i ridhe
konung waldemar loot mot henne fara
riddara ok swena en vänan skara
Ther henna gangara skulle föra
615 huat hon bödh thz skullo the göra
Then tid hon til swerigis kom
tha var hon ekke vtan som
en ängil ware aff hymmerik
Swa war hon stolt ok fögelik

620 hon kom tith mz heder ok soma
ok alle fangnado henna komo
mz konungen war hon tha swa kär
thz han kom henne alt affnär
Thager drotningen fik thz vitha
625 rödh ok bleek ok manga lita
fik hon a siin väna kynder
Awy the sorgh iak aldreg forwinder
sagde henna syster ve er mik ee
at hon skulle noger tid swerige see

15   630   KOnung valdemar han atte
thry barn the wänast wara matte
En son heet joncker erik
een stolt man ok höuelik
Een dotter som heet rikitza
635 ok annor hon heet marina
Rikitza wart hänt mz mykin priss
hon fik hertoghan aff kaliiss
Marina var en jomfrw stolt
hon fik en herra aff deeffholt
640 Thera bröllöp i Nycöpunge war
mz heder som them til retta baar
huat han skulle mz henne haffua
gull ok sölff ok andra haffwa
klede ok klenat marga handa
645 thz fördo the mz sik hem til landa

      The fyre bröder toko een stempna
then stadin vil jak for ider nempna

Thz hooff thz war a träno näss
vm somaren then tiid lööff ok gräss
650 haffde sik wiith om werldena spreet
Thz war summum liwfft ok somum leet
thz hertugh magnus konungen ther vntsagde
Ok waro the ther, ther got tillagde
at them skulle wäl sämya vpa
655 Siw biscopa varo ther tha
Thz war mothe thera vilia
at them skulle nokot at skilia
biscop benkt han sagde swa
myne bröder i skulin mik swa forsta
660 at jak er ider rette broder
bade vm fader ok swa aff moder
Jak vil ider myn deel aff rikit giffua
ther til i vilin mz nade liffua
Kyrkian orkar mik wäl födha
665 mina dagha alt til myn dödha
Thot hwario skildos the vsatte
hwar skynde sik thädhan som han matte
Konungen foor til stokholm thädhan
ok hertugen reed til nyköpung mädhan
670 Ok swa thädhan ok til danmark
Ok sampnade sik ther yffrid stark
siw hundrat örss loot han soldera
han pröffuade at han torffte ey mera
bade tyzska ok swa däne
675 raska hälada froma ok väna
Ok foor swa in til wesgöta
ok hugde at konungen skulle honom möta

16

Ok loot swa sighia sinom bröder
at han vilde entingia liggia döder
680 ella han wille rikit wynna
hans broder sagde han finge mynna

THagher konung valdemar hörde thz sakt
tha sampnade han ok sina makt
Ok sagde at han ville rikit balla
685 om thz ville gud ok lycka walla
Ok han ville gerna mz honom strida
swa frampt at däner thordo bidha
Ok took tha sampna mykin mogha
J Swerighe liggia store skogha
690 Een skogh han heyter tiwidh
ther lagde konungsins här sik nid
widher een by han heter howa
thz agher manger man lithet loffwa
Then ther miste fader ok frender
695 thz timade ther som offta händer
at hwar en striid skal saman gaa
tha tappar then som mynna forma
konungsins folk matte ther mynna
ok hertoganom var ther ödith at wynna
700 Konungen war mädhan j romundabodha
ok haffde mz sik häladha godha
The rikit haffde wäl mz honom waart
ok thera liiff waar them ospart
fore konungsins äro ok hans heder
705 Tha lagde konungen sik nidher
Ok ward ther swa lenge at soffwa

at striden ward åndadh i hoffwa
summi hördo messo ok summi saato
summi gingo ok summi aatho
710 Drotningen hon leek skaktawel
ok hugde at hertoghen haffde ey affwel
Tha bötte han swa kåtlana mådhan
then war fåghin som först kom thådhan
Tha kom en rennande fra then strid
715 jlla huggen ok sara oblidh
Ok rådh konungenom at han skulle fly
ok gripa ena andra veryo aff ny
Vaart folk flyr alt i mosa oc kåår
wy haffwom tapat sigerin thy er weer
720 The toko thera baneer ok thera merke
ok rymdo thådhan ok in j nårike
Ok konungen rymde til wermaland
ok rikit gik hertoghanom alt a hand
borgh ok land ok starke ståde
725 thz war konungenom liten glåde
Hertoghen loot epter honom sånda
sina men hwar the matto han ahånda
The skullo han fanga ok honom han föra
swa wånter iak at the mwndo ok göra
730 The ridho ok genstan epter honom
thiit the wiisto honom a wanom
Ok komo een aptan som han saat
öwer bord ok fiik sik maath
Tha komo the alle ruskande jn
735 tha haffde han engen man thz sin
Ther thz gathe med honom waart

17

the haffdo sik alle wäpnat haart
Thy at then tiid mannenom misgaar
tha er thz mangt honom mothe staar
740 The badho han sik fangin giffua
swa frampt han ville lenger liffua
skal jak mik giffua tha sighin mik hwem
äntingia ider eller ok them
jdher herra er eller ider forman
745 er thz myn broder tha nempnen mik han
Giff tik thinom broder til fanga
wy hopom thz skal tik alt wäl ganga
The haffdo ther tha engen dwala
sörghiande reed han tha aff dala
750 Ok tiith som the hertoghan funno
The ridho fore som wäghin kunno
Then tiidh han sin broder saa
han helsade honom ok sagde swa
Jak er hiit komen a jdra nade
755 var herra giffui jder thz til radhe
J sättin ey onda manna lygn
vtan takin til jdra eghin dygd
Ok giffwin mik halfft thz myn fader atte
ok warom wini ok wäl satte
760 Hertoghen swarade a tessa leedh
ey oblidh ok ey offwreed
Jak weyt wäl ath jak er ider broder
bade aff fader ok swa aff moder
haffden i latet mik thz mik hörde
765 aff rikit ok til retta borde
Tha haffde jak jder enkte nööt

nw er idher litet her med bööt
thz j loten jder wiid mik skilia
vtan i haffuen giort ider hustru vilia   18
770 Thz i driffuen mik for eth haat
hon halp ok til thz mesta hon gaat
Nw wil jak tho nade mz jder göra
swa at alle dughande men thz höra
skula sighia at iak gör ider ey oskäll
775 vtan takka mik vm iak gör wäll
Tha stempde hertughen saman eth hoff
ok fik aff mangom mykit looff
J westergötland staddis thz swa
som rikisins men sampde allum aa
780 Swa loot han honom swa sagdis mik
halfft rikit wider siälffwan sik
ok antwardade honom i hand
westergötland ok smaland
badhe wermeland ok dala
785 ok hertoghin fik swidhiod ok vpsala
alt thz vtan skogh war
thz fik tha konung waldemar
ok ther med skullet tha wara säät
sidhan skulle engen göra androm orät

790   Härtogh magnus haffde kär älskoga
j tytzland til een jomfrwa
gambla grewa gertz dotter
een froom hälade ok forsokter
badhe i torney ok i striidh
795 tha war han een häladh i sin tiid

Then jomfrw hon heet helewigh
henne war okunnogh margen stigh
then hon sidhan i swerige foor
thz loffuar huar man ther boor
800 at hon skulle til swerigis koma
hon war them allom til äro oc froma
Henna fader loot hona yffuer fara
til en stadh heyter kalmara
Then tid hertoghin henne saa
805 han takkade gudi ok sagde swa
Jak wil mik latha wighia wid henne
för än iak faar vt i danmark at brenna
Tha loot hertogh magnus
redha koost ok göra blwss
810 ok giorde eth got bröllop ok raast
ok tho swa at engom manne brast
thz han skulle ther til rettä haffwa
Dawö war henna morghon gaffwa
Ok try herade ther liggia till
19 815 thz gotz skal hon haffua mädhan gud vill

Epter bröllopit taghar i stadh
hertogh magnus loot kriära ok baad
sina hulla tienisto men ok troo
sin örss fortekkia ok sik hosen skoo
820 ok badh them alla til redho wara
ok fölgia honom tith han wille fara
Konung erik ok han the waro osatte
foret han kraffde thz sölff han honom atte
for thz folk han hade honom länt

825 ok medh honom til howa sänt
Thz kraffde han ok kunne ey faa
thz war thz them skilde vpa
J halland ok i skane han tha brände
wiid ryna bro han tha ather wände

830 ok foor til swerigis ather heem
oc gaff hemloff allom them
ther tha vthe haffde warith
oc the resona haffdo mz honom farith
Thz aar bleff jonker erik dödher

835 sidhan waro än ather tree bröder
Then somaren ther nest epter kom
j danmark margh en häladh from
haffde sik mz örss ok tygh reeth
thz war konungenom aff danmark leet

840 thz hans land war häriat oc bränt
fore thz sölff honom skulle wara sänt
ok satho redho a eth sprung
tha reedh waldemar konung
Till eth hooff thz war i sanda

845 ok wlte sielffuer sin eghin wanda
Ok loot sin broder thz forsta
at han wille ey lenger haffwat swa
han wille äntingia konunger wära
ower alt rikit eller alt vmbära

850 Ok widersagde ther sin deel
ok hiolt mz konungenom aff danmark tell
Til konungen aff danmark reedh han tha
ok hugde alt rikit ather faa
ok wille ey haffwat som thz war likat

855 oc fölgde hans här wp i rikit
Thz war thera mesta ärende
at the brendo i fynuedhe oc j wärende
Han wlte at vexio kyrkia bran
thz bötte han sidhan som en man
860 Thollagarna gaff han til booth
fore thz han giorde kyrkionne amoth

20   JNnan Etake war een striidh
tha jnnan then samma tiidh
The danske waro tha kompne tiit
865 herra benkt aff alsö ok palne hwit
Ok andre riddare ok swena flere
wäl hwndrada örss ok än mere
Ok gawo sik alle godha tröst
ok haffdo thera plator aff sik lööst
870 Ok satho wiid bord ok fingo sik maat
tha öpte then man i träno saat
Ok sagdo them allom tidhande
at the vplänzske komo ther ridhande
Herra wlff karsson een hälade goodh
875 huilkin kamp han ther bestoodh
mellom gardhin ok ena broo
han sagde ther aff ä til han doo
wäl twhundradhe örss waro thee
Herra peder porsse aff hallande
880 een rasker hälade fromer ok stark
han war wt driffwen aff danmark
Ok offe diwr ok andre slike
the waro tha rymde til swerike

Ok haffdo aff hertoghanom eth hald

885 hertoghen lente them gotz ok wald
Swa at the matto them wäl nära
ok älskade them wäl ok haffde them kära
bordhin wordo tha rasklika skutin
ok margh dör sönder brutin

890 The hafdo summi latit sina hesta i stal
thera swena lupu hwar annan vm koll
Thera örss waro tha rasklika hänt
margh plata bleff ther ospent
The komo alle til thera hesta

895 ok bundo thera hielma thz war thera bezsta
konungsins baner war wprukt
fly thz haffdo the ekke hukt
herra palne hwit var först til redho
ok reende aff garden mz eth skedhe

900 ok tith som han fiende saa
nordhan garden ligger en aa
Ther wart han fangen mellom garden oc henna
for thy han mwnde ostyrlika ränna
fra sina sälla ok fölgde ey them

905 fore thy tha reed han fangin heem
Ther kom tha saman en harder leek
marghin lukt brynia bleek
wart färgadh mz manna blode rödh
örss bliffwo a badha sidhor dödh

910 The danska wordo ther fangne fleste
Herra benkt aff alsö han war then bezste 21
riddare ther a markynne waar
man sagde at han prisen baar

Han haffde eth örss thz war swa got
915 jak tror han haffdit för forsokt
Hwar han stempde a een rothe
thz fiol alt nider som en brote
ffor thz örss han saat vpa
Hwo slikan riddera skal besta
920 han skal ey trädha perlor mädhan
swa frampt at han wil liffwande thädhan
Tha han formatte ey lenger stridha
ofangin lotho the han thädhan ridha
Ok saa at honom war hielp faat
925 tha bödh han thöm allom goda nath
The lotho honom fara i godhan friid
the torffton ther ey lenger wiidh
Hwar then dansk ther fangin war
man gaff them allom dagh eth aar
930 at ridha ok fara at thz sin
ok koma til suderköpungs jn

Konung erik laa mädhan a axawal
tessa lund tha waro hans faal
at han haffde ther lenge biit
935 Ok wille gerna haffwa striit
Ok hertogen wille honom ey bestanda
han wille ok ey hem til landa
fför än han haffde striit ella mera bränt
för wille han ey hawa ather wänt
940 Tha wart dagtingat ok takit j dagh
ok kom tha jnnan eth miwkare lagh
Tessa lund war thz for ämpt

at the sagdo at han haffde sik yffrit hämpt
fore thz the haffdo i danmark bränt
945 thz skulle wara liikt oc ther mz änt
Ok han skulle haffua thz sölff honom var mält
the herra haffdo ther lenge vm wält
för än the gatho lakt thz swa
at konung erik loot sik nöghia vpa

950   Sidhan foro däner ather heem
ok konung waldemar fölgde thöm
Tagher the wplenzsko thz forstodho
at han giordet ey for godho
Ok wille ekke ather i geen
955 Tha waldo the widh morasteen
konung magnwss hans yngre broder
han war en milder konunger ok goder
Han älskade gerna vtlenska men
som ädla herra plägha ok än
960 Hwar riddera ok swena warda fordriffne   22
frome helade raska ok triffne
Tha sökia the gerna en ädela herra
for bätra skuld ok ey for wärra
at han skal dagtinga them fridh
965 ok giffua them thz the torffwa wid
Ok the skulo honom til thieniste wara
thz styrker hans heder ok hans ära
Swa war herra peder porsse än tha
mz konung magnus ok kunne ey faa
970 fridh j danmark älla säät
tha haffde konung magnus honom läät

eth hwss vte widh landz ända
huat han ville ther a hända
Thz gat man ey wäl for honom waart
975 konung eriks gotz war honom ospart
huar han wiiste thz a wanom
han took thz heller än han loot thz honom
konung magnus trode herra peder wäll
swa som en wiin fore androm täll
980 Ok herra peder huxade widh sik
Thz samma sölff tw hawer loffuat mik
thz hawer jak beedz ok kan ey faa
jak gör ther om thz bezsta jak maa
För thz sölff han haffde honom fäst
985 ther före bödh han konungen til gest
A thz hws han haffde honom läat
giorde han vrankt äller ok rät
tha fangade hannen ower bordet han saat
aldra blidast ok fik sik maat
990 Tha took konung magnus
ok satte honom lödesa hwss
ok en deel aff thz ther til laa
sidhan loot han honom ridha ok gaa
a tith honom wart siälffwm til rada
995 ok ther med sättos the badhe
Ok wordo swa gode wini som för
tha er han diärffwer slikt gör

Sidhan haffde han andra the vtlenzska waro
riddara the hans klede baro
1000 Ok een then aff danmark war

then samme heyt herra ingemar
konung magnus haffde han swa kär
for andra riddara synderlika säär
swa som han aldra bezst formatte
1005 aff alla the men ther han atte
han gaff honom sina frendkona
Liffwa nw nokre men thz mwna
Tha swär jak ey fore at the ere graa   23
the frw hon heyt Elena
1010 han gaff honom mera än han kunne bedhas
Ther took thöm vplenzsko wider ledhas
Ok folkunga waro tha aat
ok baro wid the wtlenzsko eth haat
Ok sagdo i görin thz for eth rooss
1015 ati älska meer the vtlenzska mer än ooss
Ok sagdo til herra ingemar swa
herra i skulin thz swa forstaa
at wy ärom ämdughande som i
wy viliom gerna wita for hwi
1020 han wil ider ower wart hoffwod dragha
skulum wy liffua nokra dagha
vm han wil ey ather wända
för eth aar komer til ända
Thz skal man bade höra ok see
1025 at ther skal äwintyr epter skee
herra jngemar han swarade twärt
j haffwin a mik fore konungen kärt
Ok hawin thetta fore honom sakt
thz j matten heller haffua takt
1030 Thz han haffuer mik lioff ok käär

fore hwar then man vplenzsker äär
Täss takker jak honom thz han thz wil
enkte nywter jak ider ther till
Ok warin vrede thz mesta i mogha
1035   mik hopes thz skal jder litith dogha

Ther epter kom drotningen til skara
ok haffde ther hugt lenge at wara
Ok grewe gert konungsins swär
han war inz synne dotter thär
1040   Herra jngemar han war ther ook
en stolt riddare skön ok klook
Ok skullo ther bidha til konungen kome
tha waro folkunga some
saman kompne ok wordho at radha
1045   thz herra ingemar gik til skadha
herra jon philpusson ok herra jon karsson
Ok herra Anund tuuason
ok herra philpus aff rwmby
the giordo tha eth radh aff ny
1050   huro the skullo skipat swa
at the matto grewa gert faa
Ok giordo en reeso tiith han war
ok drapo herra ingemar
Ok drötningen flydde til klosteret tha
1055   hon saa at thz wille illa gaa
Grewa gerd the fingo han
24   tha var han en främade man
vtan thz at konungen war hans magher
som then som annars dotter agher

1060 The fördo han til ymsa borgh
konungen haffde qwido oc sorgh
huro han skulden thädhan fanga
Drotningenne took ok dygert langa
Ok wille gerna sin fader see
1065 ok hafde angist fore at the giordo honom ve
Konung magnus lagde tha til
mz daghtingan som then wel wil
gerna lösa sin win aff twangh
swa at hans pyna worde ey lang
1070 Ok talade fore them yfrit slät
oc sagde tha at the haffdo giort alt rät
Swa at grewe gert wart tha lidugh
en dande man ok wel sidugh
Ther epter loot konungen scriwa breff
1075 ok säthia vti sköön ord ok gäff
Ok badh the herrana til sik fara
ok möta sik jnnan skara
jnnan en gard heet gelqwist
ther som herra ingemar hafde liffuit mist
1080 Thaghar the komo oc han them saa
tha loot han them genast faa
Ok loot them genstan til stokholm sända
thera liiff fik ther een ända
jnnan eth torn wid norre broo
1085 ther tror iak at herra jon philpusson doo
Ok herra jon karsson the twe
huilke erlike riddara varo the
The wordo ther halshugne bade
var herra giffue thera siäl roo oc nade

1090 Herra philpuss aff rwmby
han bötte en stoor deel aff thy
ther han jnnan swerike atte
fför än konungen ok han the wordho satte

Konungen aff danmark ok aff swerike
1095 the willo sik bade bäter forlika
The toko eth hooff widh landa merke
aff manlik makt ok digher stärke
viisto riddara thera leek
danske ok vplenzske mellom sik
1100 mz dust at stangana gingo sönder
ok eldin flögh som vin annet tönder
aff thera hielma aff mangin stöt
en riddare aldre dust for tröt
herra peder skanung swa heyt han
1105 honom bestod en vnger man
25 Holmger karsson en hälade glader
herra karl lagman swa heet hans fader
en dansker heet magnus dysewald
han war en starker helade oc bald
1110 han loot öpa ok kriera
vm nokre vplenzske waro flere
nokor then honom ville bestaa
vm the öörss the satho vpa
ok vm hundradha mark ther til
1115 er her nokor man thz wil
Tha swarade en swen heet erengisl plata
tw äst nw komen wel til matha
Jak wil tik gerna her bestanda

göra thin vilia ok lösa thin wanda
1120 The dwaldo tha ekke lenge sidhan
ok wart en stolt krafftogh ridhan
swa at then vplenzske van oc danen fioll
jak tenker han fik et vlukkes fall
ok miste bade örss ok peninga sääk
1125 skamelika laa han skiten i then träk

KOnung waldemar war tha inlendder
ok fik vinskap aff bröder ok frender
Konungen aff danmark dagtingadet swa
at han skulle sith gotz alt ather faa
1130 alt hans fäderne honom til hörde
ok annet huat honom mz retta borde
ther skulle han sielffuer ower radha
ok sithia hema ok liffua mz nade
Drotning sofia war för dödh
1135 gud fride henna siäl aff pino oc nöd
Ok han var sidan j Danmark qwänter
ok war aff krononne wel belänter
Tho matten hona ey lenger agha
fore skäpno lagh ok dödzens plagha
1140 the frw hon heet cristina
sidhan fik han ena heet katrina
hon war grewans dotter aff getskogh
for en frwa hon sik forslogh
ok for enkte högra nampn en slikt
1145 ok lotho sik nöghia at föghe rikt

KOnung magnus ville gudi til tienist giwa
eth sit barn ther renlika skulle liffua

Tha wart i stokholm howat aff makt
swa at manz hierta giorde sakt
1150 Ok mykla gläde hwo thz saa
Hertogen aff brwnswik war ther tha
Konung birger war ther til riddara giord
rät vpa the sama jordh
26   ther thz kloster stander nw aa
1155 marge dande men waro ther tha
han wart riddare aff sin fader
nw er ther eth kloster en helager stader
sidhan ward aff konungs birgers hand
en förste riddere aff främade land
1160 Hertugh albrikt aff brwnswik
en stolt herra ok höwelik
Sidhan wart ather aff hans hende
wel fyretighio riddara för han wende
sidhan wart ther skemptan ok bohord
1165 å til herrana gingo til bordh
Ther war tukt ok ädela siidh
ok all the gläde man torffte wiid
sidhan war ther en höwelik danz
en dell aff daghin mz han vanz
1170 Sidhan loot han ther eth kloster göra
ok mykit tymber saman föra
ok sampnade mangen tymmerman
the bygdot wel thz staar ther än
taghar thz kloster thz war bygt
1175 oc thz war alt wel komit til lykt
The gaffwo thz sancta klara
hans dotter war tha a siätta ara

han redde kost mz digher win
ok gaff ther swa sina dotter jn
1180 lagde ther wnder fiske sio
brytia ok qwerna ok landbo
ok andra manga godha lagha
thz the haffua yffrid i thera dagha
A norra malm thz kloster staar
1185 ok haffuer ther standit markt aar
sidhan sköt honom gud i hugha
fore sina siel ok synne husfrwa
A en holm heet kidha skääar
eth kloster loot han mwra thär
1190 swa wänt ok swa höwelikt
at i hans rike war ey annat slikt
kyrkian er wään ok stoor
ok hauer en fagran liwsan koor
swigbogane äre alle lagde mz gul
1195 ther er mykit folk i tha hon er full
thz kloster gaff han barfötta bröder
ther badh han leggia sik tha han var döder
Jnnan arbogha byriade han tridia
the mwnka matto gerna bidia
1200 at han haffde liffwat twsende aar
medhan han thöm swa wilgioger war
j lincöpunge war thz fierda bygt
han byrgiadit ä nar thz warder lykt
Ok gaff the bröder ther waro tha
1205 ä mädhan thz kloster thz matte sta
tha äro the skylloge at bidia for honom
honom er tess heller hymmerike j wanom

27

eth frwe kloster widh skäninge näss
huat got man siwnger ther eller läss
1210 ther giffui gud honom aff sin deel
thy han halp ther manlika till
The flutto thera kloster aff stad
ok sattot ther som konungen badh
vpa eth näss widh en sio
1215 ther haffua the wänare stad at boo
Han lagde ther then första steen
thz war the frwor enkte i geen
han gaff them ther redho i händer
hundrada mark sölffs alla i sänder
1220 Tessa almoso ok andra slika
the möta honom nw i hymmerike

KOnung magnus atte sönir thre
wtwalde förste waro twe
birger heet then älster waar
1225 Man sagde at honom til retta baar
at wara konung epter sin fader
Helsinga borgh er en köpstader
Ther möttos konungane oc haffdo eth hoff
them samde wel tess hawe gud loff
1230 thera barn gaffuo the ther saman
Her stander alles thera namen
Erik heet konung eriks son
hans syster märita swa heet hon
hana gaffuo the konung birger magnussyni
1235 tha skildes hon wid sin sytzskene
ok war i swerige mangt eth aar

för än henna bryllop waar
Jngeborge gawo the erike amot
hon ward drotning ok dana boot
1240 hon bätrade huart thz mall hon horde
swa som henne til retta borde
hon styrkte gerna rät oc skäll
gud i hymmerike haffue henna siäl

KOnung magnus doo i wisings öö
1245 thz lastade mange at han skulle döö
Han gaff godhan rät i sina liffdagha
mykin frid ok starkan agha
The men ther illa plägado göra
them wille han hwarken see eller höra
1250 Taghar han pröwade hans soot var swa
stark at han matte ey vndan gaa
Tha walde han för än han doo
een visan man hull ok troo
Then ther rikit skulde första
1255 thy at hans barn waro al sma
Ok antwardade honom i hand
husfrw ok barn oc all sin land
at han skulle rada ok fore them see
som gud ville han ok thee
1260 ädhla herra i rikeno bodhe
at the giordo som han them trodhe
Til hans synir komo til sin aar
konung birger Erik ok valdemar
sidhan badh han them at the skullo han föra
1265 til thz kloster han loot siälffuer göra

28

Til stokholm tha fördo the han
honom följde mangen ädla man
fore högha altare growo the han nider
huat got man siwnger ther ella bider
1270 ther late gud han sin dell aff faa
huat got ther görss medhan thz ma staa

THa wart herra tyrghils knwtzson [wäldogh]
en witer man ok samhäldogh
bönder ok preste riddara ok swena
1275 the drogho alle tha wel ower ena
Frygd ok danz ok thorney
korn ok flesk thz skortade ey
Sill ok fiisk kom yffrith til landa
tha stood rikit vtan wanda
1280 mz fridh oc nade ok med säät
engen thorde androm göra orät

Tha wart konung valdemar ater fangen
a nyköpungs hws lotho the gangen
Osmiddan ok vtan häfft
1285 ok fingo honom huat han gaat kräfft
Han haffde sith stekara hws oc sin stowa
ok sith herberge han skulle i soffwa
the fingo honom smaswena ok kämenära
the honom skullo til thiänist wära
1290 at sätia hans diisk ok bära hans kaar
oc en dande man ther när honom war
Ther til saa huat honom brast
skulle man häntat a ena rast

man fik honom gerna huat han kraffde
1295 vm man thz ey a huseth haffde
Man loot honom godh kläde skära
å slik honom höffde wäl at bära   29
mz klede ok kost the plåghadin wäl
ekke swälte man honom i hall
1300 Tho matte han ekke lenger gaa
än swa som han vt i husith saa
Jonker erik lotho the ok faa
for then skuld giordo the swa
än tho hwarist thz war forliket
1305 tha jäwade herrane om riket
vm annar thera kome til walda
at han skulle riket fore them halda
The fördon til stokholm oc satton ther
vpa thz tornith i hwsit stär
1310 Ok lotho han lidughan ok lösan gaa
ok lotho hans disk fulwäl staa
i konungsins stekerhws redhis hans maat
å tholik kost som konungen aat
tha gaff man honom a hans bord
1315 ther til gläde ok fagher ord
Tholik dryk man konungenom baar
slikt sama loot man i hans kaar
Tho haffdin å starka gömo widh
swa at han kom ekke aff tornit nidh
1320 yffrit hade han kläder ok brödh
ekke swälte man honom til dödh

Sidhan stod swerighe swa
wäl thz skal seent bäther staa

sidhan foro the til hedna landa
1325 ok lösto skadha ok mykin wanda
The hedne men gingo them alt affnär
thz war thera mesta ärende ther
Ok bygdo eth hwss a then ända
ther cristin land ather wända
1330 Ok hedhin land taka widher
ther er nw swa goder frider
mere liise ok mere roo
ok flere the ther a gudh troo
Thz hws heter wiborgh ok ligger öster
1335 thädhan warder mangen fange löster
Thz hws er hedna manna atherhald
swa at the haffua ther nw mynne wald
Rytza än the haffdo föör
vtan fynna skadha för sin dör
1340 The lotho thz hws alt mwra aff steen
ok sidhan foro herrane ather heem
Ok satto ther en foghota then
ther wel thorde sea vredha men
ok wid hedningia war ey alt oblyger
30 1345 Han twingade karela swa vm side
Ok alt thz ther vnder laa
mz fiortan gislaslagh stora oc sma
Kekes holm han war tha wnnen
mz crisna men ok stodh obrunnen
1350 Ther wart mangen hedhin slagen
ok skutne i häll then samma daghin
The ther fangne wordo aff them
them fördo the til viborgh mz sik hem

The crisno willo tha qwarre wara
1355 some ok some heem fara
ok föra them kost ather i geen
tha ward thera forman alt offseen
Ok rytzane reddo sik mädhan til
som then sin skada hempna wil
1360 Oc them wart mädhan koster faat
ok rytzane komo tha affbraat
Ok stormado bade nat ok dagh
thz haffdo the crisne wel haft fordrag
sex dagha liffdo the vtan maat
1365 thz er wnder at nokor man thz gaat
sidhan gingo the wt at stridha
ther war ä tess wär at the lenger bidha
Thy at the haffdo afflitla makt
ok annat thz the waro ner döde aff smakt
1370 rytza fingo ther storan skadha
swa som the fanga ok alla stadha
huar vplenzske koma saman ok the
then tha er rytzsker honom er we
The crisno wordo ther alle slägne
1375 j häl thäs waro the ryza fägne
at the crisno skulle swa mykin skade skee
ther komo ey vndan vtan twe
Sigge loke bleff ther dödh
gud giffue hans siel hymmerikis ööd
1380 Ok huar then cristin man ther doo
fore gudz skuld ok the helghe troo
sidhan haffua rytza holmen hafft
ok bygt han fast mz mykin krafft

Ok säth ther a wisa men ok froma
1385 at the crisna skulo them ey nermer koma

KOnung birgers bröllop waar
ther epter jnnan thz tridhia aar
j stokholm war tha mykin gläde
oc var thera bröllops klädhe
1390 aff baldakin ok bliant
ther mz lösto lekara thera pant
31   ther war margen ärlik räkky
ok baro thera örss fortäkky
aff baldakin ok sindall
1395 ware ther gawion eller persefall
The gato sik ey bäter skikkat
konungsins baner war ther vtstikkat
eth gylt leon mz tre hwita bara
ther vnder marge ädla wara
1400 the ther konungenom til hördo
en riddare hans baner förde
bade man hörde ok man saa
pipara bombara ok trwmpara
The giordo rusk ok mykit bangh
1405 aff örss war stöff ok mykit trangh
ok marger war ther illa ridhin
then dagh war meer än halff lidhin
för än ther war änt thz behordh
ok the herra gingo til bordz
1410 Ther war godh kost ok ädla siid
ok all the gläde man torffte wid
miöd ok öll ok kerssedrank

ok wiin bade röth ok blankt
Ok stolte herra baro thera kaar
1415 swa som them til retta baar
Ther war engin gläde affaat
then dagh forgik tha kom the nat
huar man sith herberge sökte
huar giorde swa som honom tökte
1420 summi drukko oc summi gingo at sowa
a gatonne slogho sik the bowa
arla vm morgonen daghin kom
marghin hälade stolt ok froom
tha var i hertogh eriks rota
1425 bade riddara ok riddara nota
Först villo the messo höra
sidhan loto the sin örss fram föra
j hertogh eriks herberge war tha howat
hans tokt giter engen man fullowat
1430 elle sakt huro mykin hon war
hans milla hierta ok blid antswar
thz fägrade alla hans gerninga swa
som gul the stena ther jnnan sta
Konungen bidhade ok ey tha lenger
1435 eth baldakin a fyra stänger
war ther vänlika wth spreet
eth thz venasta man haffuer seet
Thz war tha ower konungenom fört
mangt örss var ther a sidho röört   32
1440 swa at thz foor i sprung ok i hyrte
swa at een ower then andra styrte
vpa then platz ther konungen hiolt

Rimkrön. 1   4

i mykle äro blidh ok stolt
man saa ther vtan til koma ok fara
1445 riddara ok swena en höwelik skara
hans broder hertugh erik
ware thz en engil aff hymmerik
han skipade sik ey bäther än saa
huar man badh wel for honom ther han saa
1450 han wart tha riddare aff konungsins hand
sidhan marge andre af främada land
Drotningen merita ville ey annat hawa
aff konungenom til morgon gawo
hon badh lööss magnus algutzson
1455 nw liffuer än mangen man thz moon
henne takkade huar then man thz hörde
fore then ädlaheet hon tha giorde

Om pingisdagha ther epter wara
tha wille marskalk törgils fara
1460 aff konungsins vegna hafde han räth
then vänasta skiphär man hauer seet
ok ville the hedno ey lenger skona
foro tha ok bygdo landzkrona
mz xi hundradha föra men
1465 thz forma wel konungen aff swerige än
Jak tro wäl at man aldregh saa
flere godh skip i nyo än tha
ther er ok een swa ädela hampn
at bord vid bord ok stampn vid stampn
1470 lagdo the ther bryggio läghe medhan
swa at engen storm dreff them thädhan

mällom nyo ok swärta aa
ther villo the at husit skulle staa
vpa eth näss the möttos badha
1475 thz wart them allom tha til radha
swa at nya hon raan sunnan wider
ok swärto aa ran nordan husit nider
Tagher the rytza thetta spordo
ena starka reyso the tha giordo
1480 bade a skip ok swa med hesta
ok vänto at the skullo göra thera bezsta
Tha willo the crisno ena reso fara
ok villo the hedno ey lenger spara
gawo wt ena reso mathelika stoor
1485 the wp i hwita träskit foor
Atta hundrad folk oc ekke meer
thera forman heet haralder
Ekke haffdo the ther mere makt
aff en holm tha war them sakt
1490 wäl twsanda hedninga lagho ther aa
tith haffdo the huxat ok vildo them sla
hwita träsk er som eth haaff
swa som bokin sigher här aff
rytzland ligger östan sunnan til
1495 ok karela nordhan swa at sion them skiil
Tha the komo swa lankt fra thera här
som xxx viko sio lankt är
Tha waro the ey halwäghis kompne tiith
wäderith bleste ok sion gik hwit
1500 Tha kom en storm ok bleste swa
at the matto näpplika landit faa

karela land the tha sokto
ok komo til land om ena otto
vider eth torp widher ena aa
1505 swa som man först til daghin saa
Haffdo the sin skip ey a landit dragit
tha haffde them sion all sunder slagit
Ther war mangen man water ok trötter
ther lagho the tha fääm netter
1510 drapo ther folk ok brendo thera by
ok manga vsko gambla ok ny
The huggo sunder thera hapa ok brendo
tha fingo the lugn ok ater wändo
Thy at the hado vpätith thera maat
1515 swa at han wanz tha ey lenger aat
Tha the komo ather til pekkinsäär
tha laa thera eghin forvardh thär
summi lagdo sik tha ther widher
ok summi foro til adelhärin nider

1520   Ena stund som the ther lagho
ok the wt med landit sagho
Tha sagho the ther koma farande
meer än twsende lädior alla warande
Ther dugde ey tha bidha lenger
1525 man weet gerna sith synasta tha som tränger
Ok lotho tha flyta for strömen nidh
the rytza giordo aff thörran widh
flota högre än nokor hwss
ok satto i eld swa at han bran liwss
1530 ok loto swa nid för strömen ränna

ok hugdo ther mz thera skip at brenna
flotane staddos fleste vp aa
een stoor fora jnnan älwenne laa
hon war ther fäst for then saka

1535 at flotane skullo ey a skipin vraka
Then tiid rytzane komo tiith
man saa ther marga brynio hwit
thera hielma glimado ok thera swärd
jak tro the foro ena rytza färd

1540 The haffdo trätigho twsend folk
ok eth twsend swa sagde thero tolk
The vplendzsko waro mykit färre
ok rytzane waro mykit flere oc wärre
The lupo til storms til en graff

1545 ther drogho ä twe then tridie aff
vpa then graff ther stod en gardh
ok atta bardfriid med wiikskard
Then graff gik mellom tweggia aa
ther jnnan wiid all härin laa

1550 Helsinga lagho alle jnnan en hoop
widh sudre ändan at then groop
Ok rytzane lupo rät fastlika till
rät som the willo sighia jak will
ther ower vtan hwars manz taak

1555 huat helsingen sköt hiogh eller staak
Tha vildo rytzane ä halla sith krii
tha skipto hoffmennene sik ther j
matias ketilmundason mz sin rota tha kom
en vnger starker helade froom

1560 henrik van kyrna ok jwan

34

The slogho tha rytzane ther bort fran
peder vnge porsse ok the flere
swa at thera rote ward tha mere
ok gingo til thera ower the graff
1565 en lithin stund för än the wisto aff
tha war rytzanne kompani
mellom thera ok grawena wel slikt tii
som tesse vplenzske waro
än wardho the sik tho at hwaro
1570 Ok huggo sik gönom thz hedna vthet
swa at marger rytz fik rödhan swet
ok komo alle thädhan vtan skadha
alle hem til thera mäio stadha

Väl tio tusend rytze jnnan en rota
1575 hiollo vnder en skogh vider en brota
som en sool swa glimadho the
swa waro thera wakn wän a at see
ok hiollo ok sagho husit vp a
en cristin sagde jak wil besta
1580 en aff them bezsta aff allom them
ella han före mik fangen mz sik hem
Swa frampt at marskin mik thz lowär
tha wil iak väkkian vm han sower
Ok ward tha rasklika til redha
1585 ok loot sith örss vt för sik ledha
loot thz fortekkia sik husin skoo
ok stappade maklika ower en broo
taghar han kom vtan then renneboom
tha vände then stolte hälade sik om

1590 Ok badh sina sälla heela liffua
vil gud oss ewintyr giffua
j skulin mik här ather see
ok en annen mz mik thz ma väl ske
skal thz ok ganga ower mik
1595 thz stande til gud j hymmerik
Drotzet matius var tha swen
han war then som stappade en vid en
wiiste fram en tolk hans erende bar
ok hörde thera rytza antswar
1600 Han sagde her haller en ädela man
en aff wara bezsta tha er han
han haller her all redho oc bidher
ok vil bestanda en then bezsta aff ider
Om liiff gotz ok fengilse
1605 han haller her när thz maghen i see
stinger nokor aff jder honom nidher
han giffuer sik fangin ok följer ider
Faller ok nokor aff jder om thz skeer
göre honom thz sama han bedis ey meer
1610 wy seem wel han haller här
ok hauer oss stappat yffrid när
Ok rykto tha saman ok talados widher
konungin sagde er nokor aff ider
honom wil besta tha huxe sik om
1615 wi seem thz er en hälade from
Jak weet thz wel thz er ther mz änt
the haffua oss ey then versta sänt
Jak tenker ey annat hwo honom bestaar
wy faam the tidhande honom misgaar

35

1620 The rytza swarado wy takum ther ey til
her er engen honom bestanda wil
Han hiolt ther å til nattin kom
sidhan wände then ädla man sik om
Ok reedh ather heem til sin här
1625 han wart wel vntfangen tha han kom ther
Jak loffuar then håladh for sin könheet
litit lowar iak the snödo hedna vthet

The rytza toghot tha jnnan en dagh
ella haffde ther warit eth manzslagh
1630 The vplenzsko willo tha hawa striit
swa frampt vm rytzane haffdo biit
The rymdo tha bort vm ena nat
ok sagdo at the haffdo tith komit alt affbrat
Tha husit war bygt ok wål hannat
1635 ok wel spisat ok wel bemannat
Tha wille adhilhärin heem
en godhan forman satto the them
En godhan riddare heet her sten
ther med vändo herrane ather i gen
1640 try hundrad folk lotho the ther aa
bade thz störe ok swa thz sma
tw hundradha men wel föra
ok hundrada ther arbeide skullo göra
36   The målta skullo bryggia ok baka
1645 ok the om nattena skullo waka
Tha sägilde thera hoffwod här
vtan amynnit ok lagdis ther
Lagho ther ok biddo böör

swa som mangin man än gör
1650 Then tiid böör matte ey koma
tha fortröt thz the hälada soma

Matius ketilmundason ok hans koinpani
vnge raske hälada frii
The villo å nokot haffua til handa
1655 ok loto thera örss föra til landa
ok ridho tha mz här ok brand
gönom inger ok watland
ok brendo ok hioggo alt nider
ther sik villo ther säthia wider
1660 ridho swa til skips ok sigildo til landa
the hedno satho ather oc rördo i branda
The komo hem om sancti mikels tiidh
konungen vntfik them wäl oc war all bliid
Drotning marita tha i kyrkio giik
1665 epter sith första barn hon tha fiik
han heet jonker magnus
han war födder a stokholms hws

The ather a landzkrono waro
villo mangt hawa thz the vmbaro
1670 Somarin haffde thera kost rööt
ok thera miöl laa saman stööt
hwsin waro ny ok miölet war heet
ok vrnade sköt thz war them leet
Ok maltid laa mykit saman oc bran
1675 ther aff fordarffwadis marger man
The fingo tha ena kranka soot

skörbiwgh gör engom manne goot

Swa som the owir bordith satho

ok syntos helbrygda drukko ok atho

1680 Tha fioldo thera tänder a bordith nider

huat menniskio matte hallas ther vider

The bliwo ther aff mange dödhe

at husit laa maxan ödhe

Tha gingo the saman ok kerdo sin wanda

1685 viliom wy ey senda bud til landa

ok kunnogha marskenom wara wedagha

Jak weet han wil thz ey fordragha

at första skipin magha gaa

han lather her ferskan kost vpa

1690 liffuande nöt swin ok faar

ok sender hiit helbrigda folk til war

Ok föra thz siwka hädan ok heem

tha swarade en riddare aff them

wy viliom ey marskins hierta gröta

37 1695 gud ma tho wel war kumber böta

rytzane sampnado sik tha aff ny

Ok karela ok hedne men for thy

at thz husit war them swa lakt

at then landen haffdo enga andra makt

1700 än the skullo sik ther vnder giffua

älla ok fly vm the willo liffua

Tha sampnado the en wäldoghan här

Ok mz en litin rota komo först thär

Ok villo amynnet ather pala

1705 thz war huseno swa nala

twa milo wegh eller twa wiko sio

huat man skulle heller ridha eller roo
tha the aff husit sagho them rida
tha wille tesse ey lenger bidha
1710 vtan drogho thera tygh vpa
ey tiwgho saman swa waro the faa
Ok ridho ok villo vnderstanda
huat rytzane willo hawa til handa
The wisto aff enga andra lagho
1715 vtan them som the ridha sagho
Tha the komo til thz amynne
tha sagho the engen man thz synne
vtan tymber huggit ok til dragith
Ok pala the skullo hawa niderslagith
1720 Tha the sagho enkte til them
tha vändo the om ok villo ater heem
Tha haffdo the thera laghor lagt
tessa lund tha stodh thera akt
at the skullo ey husit ather faa
1725 Ok skullo them fanga eller slaa
the hiollo j skoghin ekke fierre
hundrada rytza waro j hware
The crisno lotho til thera staa
ok hioggo sik genstan gönom twa
1730 J tridio haldit wart han saar
herra sten thera forman waar
tha komo the gönom them alla tree
marghom rytze giordo the wee
the rytza fölgdo them alt med
1735 thera hielma klingado som thz stedh
ther man pleghar aa at smidha

the haffdo ofäfle wider at strida
å huilkin rote til thera foor
war han litin eller stoor
1740 the satto them å fra sadlana swa
at the matto wel taka til foot at gaa
the fölgdo them heem alt til then port
sidhan vändo om rytzane' ok ridho ater bort

Ther epter tha ward husit belakt
1745 med rytzana ok mz thera makt
38 Tha rytzane komo än waro the tha
sextan före men ther aa
rytzane stormado nat ok dagh
ther gaffs wt margt eth anxlikt slagh
1750 The crisno waro faa ok husit war wiit
the hedno skipto opta ok tiit
en rote gik til ok annar fra
swa loto the dagh ok nat at gaa
The crisno wordo tha swa trötte
1755 j maghin wäl prowa huat thz sätte
hwa som ärffwoder dagh ok nätter
thz er ey wnder at han warder trötter
Ok hauer enkte tholl eller bidh
han tholl ther ekke lenge widh
1760 Tha kom eld i husit ok bran
ok rytzane gingo jn man wid man
Tha rymdo the crisno aff then wära
ok jnnan en kellare ok wardho sik thäre
sommi bliwo ok a wernen dödhe
1765 ok wordo tha skilde aat ok ströde

Huar bleff döder i synne vra
Marger wart ther dräpin som siwker laa
Herra sten talade til rytzana swa
plåghin i ey godha men at faa
1770 Lagdo fra sik sin wapn ok villo sik giffua
thy at hwaryom war kärt at liffua
wy kunnom wel träla i wara dagha
ärffwoda bära lypta ok dragha
Torkil andersson swarade tha
1775 gröt ey marskins hierta swa
en rytz sköt han med eth spiwt
aat brystet in ok at ryggen wth
Swa at han styrte nider i stadh
sidhan finge the i källaren waro eth badh
1780 en from hälade heet karl haak
hans eghin sälle han i häll staak
han haffde rytza kleder vpa
ok ville jn i kellaren gaa
han wart thy dräpin at han honom ey kende
1785 gud laste then högha skada ther hende
gud önke then jammerlika nödh
swa marger helade ther bleff dödh
Tha waardo the sik i kellarenom swa
at rytzane kunno them ey faa
1790 för än the sworo them edha ok badho sik giffua
ok loffuado them tro at the skullo liwa
ok the skullo them fanga oc mz sik föra
ok engin skadha thera liffue göra
Tha gingo the wt ok gawo sik
1795 gud giffue thera siäll hymmerik

39 ther tholde dödh vpa then wal
ok önke thera jammerlika misfall
at them skulle swa jlla til handa ga
at hedne skuldo wald ower them faa

1800 Tha fanganc waro skipte ok thz war änt
ok haffwona bytto ok husit bränt
Tha foro rytzane alle heem
ok fangana fördo the bort mz thöm
thz war litith ther bleff obrwnnit

1805 tessa leedh waar husit wnnit

  THär epter a thz tridhia aar
eth hooff i suderköpunge war
Swa höwelika wänt ok riikt
gathe jak thetta wägith swa liikt

1810 at engin sagde at jak haffde vreth
The herra ok första haffdo sik klät
mz baldekin ok dyr kläde
ther war frögd ok mykin gläde
mz godh kost ok ädla sidh

1815 mykin aghe ok starker fridh
swa at men sagdo som wiit hawa farit
ok manga stadhe haffwa warit
the gaffuo thy tess priis ok looff
the haffdo ey seet eth vänare hooff

1820 Konung birger kronadis thäre
mz mykin priis ok digher ärä
Hans broder hertugh wallemar
wart riddare ok hans bryllöp war
thörgils knwtzsons dotter han tha fik

1825 thy weer at henne sidhan misgik
th hon skildis wider sin man
han wid hona ok hon wid han
the lekara fingo ther dyra hawo
örss ok gangara ok andra gawo
1830 klede ok sölff ok andra handa
Swa at the foro blide hem til landa

Här sigx at hertugh erik hade fäst
en jomfru the han vnte bezst
The vänasta ther man matte see
1835 konungsins dotter aff Norighe
Jak tror at hon ey äldre waar
än tha wp a sith fämpta aar
Konung hakon sende tith breff
ther stodho i fagher ord ok geeff
1840 Ok hälsade hertogh erik
badh han om jwlin wara mz sik
Ok skulle ey lenger bidha
vtan genstan fra thz howit ridha
ok til hans thz mesta han formatte
1845 The bröder skildos aat wäl saatte
Konungen han foor sina leed
ok hertogen til norigis reedh
Drotzet abiörn med honom war
ok herra the honom til retta baar
1850 herra matius ok herra aruidh
The riddara haffdo tha til siidh
the följdo a tha thera retta herra
thz ginge til bätra alla werra

40

Greue Jacop kom ok j hans fård
1855 han vntfik honom wel som han war wård
Tho at werldin gik honom illa i hand
tha haffdin tho at hwario borga oc land
Ok war en ädela herra boren
tha han war vt aff danmark sworen
1860 ok andre hålade fultryffne
the aff danmark waro fordriffne
peder vnge porsse ok andre flere
swa at hertogans rote wart tha mere
The följdo alle tha gerna honom
1865 thy at honom war konungsins dotter i wanom
swa at han förde en wänare rote
riddara ok swena ok riddara nota
til oslo til then stadh
Han giorde swa som konungen badh
1870 huar man honom ther wel vntfik
ok konungen vt mot honom gik
ok vntfik han med mykin heder
for thy at han war ther siällan seder
Thy vndrade folkit mykit a han
1875 ok sagdo er thz then ädela man
Then mille hertugh Erik
ok huxade manger wid sik
gud haffuer han wel til verldena skapat
ther the haffdo swa lenge vpa han apat
1880 Tha bad honom got huar man honom saa
- gud lathe hans vilia her wel gaa
Ok låti han framme huat han wil
ther giwi gud honom lycko till

Tha gik han tiit som drotningen war -
1885 mz tukt som honom til retta baar
hon vntfik han wel som hon wel kunne
mz söth ordh ok rödhom mwnne
the aff hiertans kerlek gingo
Huro the then ädla första vntfingo
1890 thz faar jak ey sakt en tusende dell
for thy mik wintz ey konst ther tell
Ther widh liffdo [the] som the haffdo hogth
med heder ok ära ok mykin tokt

Herra vinzleff laa ther siwker ok doo   41
1895 fämpte dagh jwla i osloo
Til varfrw kirkio the han baro
the ädla herra som ther waro
Ok lagdon fore högha altare nid
som än er j margom landom sidh
1900 thz man plägher herra wel begaa
the kunno ey meer aff werldenne faa
Nyonda dagh jwla han orloff took
som här star scriuit i thenne book
mz tokt ther honom aldregh brast
1905 Konungen sagde thz er mik last
ath i vilin ey wara her jwlin all
Han sagde thz era swa myn fall
thz iak giter her ey lenger biit
jak wil ok see huat hema er tiit
1910 wiltu tha här ey lenger wara
tha late gud tik wel at fara
Ok läti tik lykko ok äro skee

ok vnne mik tik sköt athersee

mz frögd ok gläde som iak tik an

1915 tha gik then ädela wise man

til drotningena ther hon stodh

tha sagde thz ädela rena blod

Faar wel son ok jwla broder

Han sagde myn kere sötha moder

1920 nw wil jak giffua jder gudi j wall

fore jdra dygd swa marghfall

ther iak hauer aff jder rönt ok seet

ok mykin gläde j haffwen mik theet

Min tiänist er jder hwar iak är

1925 Hon haffde han i sith hierta kär

for vtan allan falskan sidh

swa rönte han tha han torffte widh

Han helsade huar then man han saa

the frwor gingo alla ath staa

1930 ä hwar i sith windogh

mz käran vilia ok godhan hogh

Ok sagho alla epte honom

Honom war fulgot herberge j wanom

ok laso alla for honom ok badho

1935 at gud skulle med sin nadhe

sända han wel til landa heem

tessa lund skildis han widh them

Ok reed swa thädhan ok hem til landa

42 Huat han sidhan haffde til handa

1940 thz warder ider framdelis sakt

til dygd ok äro stod all hans akt

Herra törgils knwtzson war än tha
wälloger ok fore rikiit saa
Ok fore them bröder alla tree
1945 J tyzland war een the
grewa dotter ther han badh
aff rawensborgh eth hws en stadh
Hon war honom wänlik förd til landa
mz gul ok klenat manga handa
1950 peninga ok sölff j godha liit
tho haffden meer hema än han sende tiit
han haffde ok för en hustrw aat
hon fik soot ok doo affbrat
Thy sath han ogipter mangen dagh
1955 nw bygde han annat hionalagh
J stokholme hans bryllöp war
godher koster war ther ospaar
wider hwar then man tiit war komin
vm morghonen gaff brudgomen
1960 synne husfrw til morghon gawo
eth gotz thz hon wille hawa
hoffwodh gardin heter gum
och allowo garda liggia ther vm
Ok godha qwerna ok landbo
1965 Oldenskogha ok fiskesio
Ther aff skulle hon sik kleda oc föda
vm hon liffde effter hans döda
Tridie daghin bröllöpit var lidit
ok en dell aff folkit bort ridith
1970 Tha gingo the herra ok talas widh
jnnan eth hwss ok sattos nidh

Törgils knutzson borde tha til
gud veth wel at jak gerna wil
jdher allom brödrom til tienist vära
1975 huat jak veet ider til heder oc ära
thz vil iak göra huat jak ma
nw hopar jak orloff aff ider faa
at jak ma vider mit eghit boo
jak torffte wel vider nade ok roo
1980 jder fader fik mik ider i hand
ok idra borger ok idher land
jak hauer them lenge fore seet
är thz annet än wel thz er mik leet
er thz ok wel thz er for sik
1985 thz er engom swa liwpt som mik
43   hauer jak gotz sidhan köpt
eller ok sölffuer saman stöt
Thz star alt til idra nade
ok giwin mik huat ider warder til rade
1990 Ok takin en annan dande man
then wel wil ok then wel kan
ok wnger er oc ärwodha ma
alderin taker fast at mik gaa
Thy wil iak orloff aff ider haffua
1995 ok tigger iak thz for ena gaffwa
oc tiänar iak ider gerna thz wet wel gud
ok koma til howa tha jak faar bud
The swarado alle mz enom mwne
wy haffwom engen then swa kunne
2000 wel for rikit se som han
for thy han er en sniäller man

Han see fore konungenom fram a leed
kronnonna åghor äro lang ok breed
Han wet wel hwar hon atskil
2005 ok thz hertogomen hörer til
Hertogomen er thz wrdit til radha
mz gudz tröst ok konungsins nade
The wilia haffua thera hertogadöme
bade bröder som them wel söme
2010 ok taka til drotzeta hwem the· gita
tha sagde hertughin engen wita
then them ware swa wel rätter
som herra abiörn om han mik sätter
Tha faam wy honom wara syslo i hender
2015 vm oss thz engen man forwänder
Marsk törgils tha fore konungen saa
Drotzet abiörn fore the bröder twa
tha stod rikit ärlika wel
bönder liffdo widh räth ok skäl
2020 herrane styrkto friidh ok sät
engen thorde göra androm vrät
wtlenzske men the bado the
at vsämia skulle i rikit skee
Thy wär thera bön wart alt ofsan
2025 thz galt mangen dande man
formannomen sampdo ey badhom aa
tha took jlla i rikit staa

Aranes thz war eth fästä
ther waro the bröder alle geste
2030 marskin haffde them allom budit til sin

öll ok most miöd ok wiin
war allom mannom ther ospart
hwat man talade openbart
thz kunne almogen wel forsta
2035 vm morgonen talade konungen swa
44 til sin broder hemelik
En tingh tha er komen for mik
jak sigher ider wel huat mik er sakt
tessa lund tha star idher akt
2040 at i vilin wt aff rikit fara
Ok wilin vpa myn skadha wara
är thz swa tha warin mik widh
vilin i ok haffua med mik frid
Tha giwin ider breff ther aa
2045 jder insigle skulo ther fore staa
at i skulin mik enktet wara amoth
tesse breff han scriwa loot
Ok waro til redho tha i stadh
alla leedh som konungen badh
2050 Haffde han ther a mote mält
tha war eth radh swa saman fält
Ok war komit yffrid när
at konungen wilde hawa dwalt han thär
Thädhan foro the alle sänder
2055 helsados wel ok tokos j hender
folkit took sik sönder ströö
konungen reedh til wisinxöö
Ok hertogane ridho til rakkaby
Tha komo ther breff ok bud aff ny
2060 at the skullo thil konungen fara

ok skullo siälffwe antswara
Ok redha sik aff then saak
ther man talade a thera baak
Herra abiörn ok herra aruidh
2065 the trösto ey wel a konungsins fridh
The ridho tha annan stadh
tinghat som hertogen bad
Tha hertoghen til konungen kom
hans klede stodho honom höuelika om
2070 hans liiff ok alle hans lidhi
honom fölgde tokt ok ädela sidi
han helsade konungen höuelika
han swarade honom litit ok dröuelika
Ok bad en biscop tala sin ord
2075 ok endat för än wy gaa til bordh
biscopin han sagde ney
jak er en prester ok ma iak ey
takin ther til en annan man
ther ider ord bäther tala kan
2080 en riddere borde tha til ok sagde
ok hertogen stod ä qwar ok tagde
The första sak myn herra ider giwer
thz torde engen göra then nw liffuer
i swerige thz som i latin göra
2085 j lathin kost vt aff landit föra
flesk ok smör korn ok roogh
jak vndrar hwi ider kom thz i hoogh
medhan min herra haffdit forbudit
i haffwin ider ey jämt vmskudat
2090 Thz i vilin göra myn herra a moth
nw er ofsent at radha a both

45

Han giffuer ider ok en annen saak
fore widermödo ok vmak
Thz han hauer hafft aff idre högferd
2095 han ware thz ekke halla werdh
aff ider at haffua älla androm sidher
j haffin reeth hans hierta at ider
thz i ridhin med wenkte hand
mz hans owinom gönom hans land
2100 i haffin konungsins edzöre forbrutit
i haffwen ther ey swa mykit i nwtit
älla ok niwtin fram a leedh
swa frampt at konungen er jder vreed

Then tridie saak er tesse häre
2105 myn herra konungen ower ider käre
jder riddere slo hans portener
som hans hws gömde ok honom war kär
for thy han wilden ey latha jn
han fik en pust wiid sina kin
2110 honom tokte som hans öra bran
han sigher at han thz ey än forwan
Thz ware mykit bäter fordragith
ok konungsins hion ware oslagith
tha ware ider saak ey swa högh
2115 nw er myn twnga ey swa slögh
at iak dömer nokon räth ther til
vtan konungen göre som han wil

Then fierde saak tha er thetta
jak weet ther komer aff en trätta

2120 thz haffuer warit ok är ok än
thz en herra ok hans män
at the taka eth torney
hwat thz waller thz weet jak ey
huar idre men koma saman ok wy
2125 ärom wy halffwo flere än j
tha wardom wy trodhne nider
ok tappom alt thz wy sätiom wider
thz görin i alt for eth haat
herra matius er ther höwitzman aat
2130 ok andre flere the jak weet
konungenom alt til smäligheet
thetta er then saak han käre til ider
nw er jak en then gerna bidher
til myn herra konungen ider broder
2135 thz han ware ider naduger ok goder

Tha stod konungen wp illa vreder
ok sagde som then man illa edher
Haffde iak ider ey hingat leet
tha skulin i hawa rasklika seet
2140 then räth ther hörde till
nw er thz swa at jak ey wil
jder ey lenger giffua friid
än i dagh til solin ganger nid
huar iak ider ther epter faar
2145 tha within at jdher misgaar

Härtogh Erik took tha at swara
maghom wi tha feloghe hedhan fara

46

Konungen swarade haffwin ider hådhan
jak huxar å ok nokot mådban

2150   SJdhan wordo the wt aff rikit sworne
the ådela förste ok welborne
The wiisto ey hwart the skullo a wånda
tith thera kumber fanger en enda
Til danmark fiollo tha thera wågha
2155 swa som vtdriffne men the plegha
at ryma tit the wånta sik hald
wel haffde konungen hafft tess wald
at hielpa them vm han wille
Ok tröste hertogh erik then mille
2160 ther a at konungen war hans magher
swa som then annars syster agher
Tha the komo tiit som konungen war
the giordo thz them til retta baar
gingo fore konungen at staa
2165 konungen dröwelika a them saa
Tho at hwaro helsade han them bada
The sagdo herra a idhra nade
årom wy nw kompne hår
han sagde jak weet wel huat ider er
2170 Thera årende ok thera faall
them wiiste konungen görla all
Thz konungane hiöllo bade saman
thz tokte them wara enkte gaman
thz konungen ville ey mz them halla
2175 thz monde drotning merita walla
Tha wart Nycöpung belakt

aff konungsins mannom oc hans makt
Thz war i skiotan tima giwit
som her star i bokenne scriuit

2180   Ther epter jnnan skaman riid
rät then samma somars tiid
Tha wart eth hooff i fagradall
ther war aff härrom fulgot wall
konung birger tiit först kom
2185 ok mz honom mangin helade froom
Ther kom ok drotning märita
konungen aff danmark kom ok tha
med riddara ok swena en vänan skara
ok sagh man fore konungen fara
2190 pipara bombara ok trwmpara
man hörde them lankt för än man them saa
Tolff bluss man fore honom förde
ok tolff riddara han ther giörde
Lekarom gik ther wel i hand
2195 thera tekkia ok thera ränne wand
war brwnt ok halfft baldakin
ok wel fodrat mz ykorna skin
Taghar thz bohord thz war änt
oc the haffdo thera örss swa ränt
2200 Ok swa howat som the haffdo hukt
tha giorde konungen sina tukt
Ok gik tiit som drotningen war
hon giorde som henne til retta baar
gik wt a mot sin broder
2205 the waro sytzken vm fader ok moder

47

sidhan gingo the herra ok taladis widh
hwar som haffuer tholl ok biid
ok hooff tha er thz halfft wit
hertogh Erik wille ekke tiit
2210 for thy at konungane willo bade eth
Ok haffdo bade jamgerna seet
at annar skulle radha som han
thy war then ädela wise man
ekke ther tha mädhan
2215 tho at hwario war han ey lankt thädhan
Ok hörde huro hans dagtingan stodh
tha han horde at hon war ey godh
the toko then wäghin til norigis laa
ok lotho konungen thz forstaa
2220 at the waro kompne a hans nade
vm gud gaffue honom thz til radha
thz han wille them halla ther en stund
til werldin skipade sik andra lund
Ok kärdo at thera broder haffde them fordriwit
2225 fra thz gotz gud haffde them giwit
Ok thera fader hade them ärwat
ok ville them tessa lund hawa fordärwat
Ok vill oss enktet aff rikit giffwa
Hertoghin sagde om jak ma liffwa
2230 eth aar jak skal i rikit jn
än tho iak komer ey thetta sin

     KOnung hakon swarade them wäll
mädhan konung birger ider swa qwäl
Tha warin wel kompne ey tess sider

2235 jak wil forämpna mellom ider
swa frampt at jak thz giter
är ok konungen swa owiter
at han wil idher latha forgaa
jak wil ider hielpa huat iak forma
2240 Ok länte them eth hwss en stadh
thz halp ok mykit at drotningen badh
at konungen skulle them wara goder
hon war them hwl som thera moder
Ok aff landit swa mykit han wille
2245 tha took hertogh erik then mille
ok spisade slotet thz bezsta han gaat
swa at han war orädder eth aar vm maat
Thz hwss then stadh heet konung elle
ther er ey twa milo mälla
2250 lödesa ok ather thär
swa ligger hwart andro när

KOnung birger fik ther aff en frät
at hertogomen war husit lät
han sagde thz ligger oss alt affnär
2255 nw weyt iak görla huro thz går
Swerighe warder nw gest aff them
the ränna oss än i herbergit hem
Tha bygdo the eth hwss a gulbergs heedh
starkt ok fast a tessa leed
2260 at landit skulle haffua ther aff en tröst
tho gat thz litit hans vanda lööst
Tho waro hertogans men swa köne
hwo weyt huat heller er för än han röne

48

Litit för än lödesa braan
2265 tha fingo the herra benkt laghman
j agnatorpe hema at sin
skulle man leta wt til riin
han kunne ey bätre hälade faa
än hertogane haffdo mz sik tha
2270 Sidhan brändo the lödesa alt i röter
swa at summe men fingo tess aldre böter
Sidhan haffdo the ey lenger dwala
the gesto eth land thz heter dala
Ok bygdo eth hws heet dala borgh
2275 the bönder waro ey vtan sorgh
Ther skulle till bade bära oc dragha
oc ärwoda til bade näter ok dagha
til thz hwss thz war bygth
ok thz war alt wel komit til lykt

2280   Tha konung birger thetta fra
tha sende han atta riddara
The som honom ware hulle ok tro
the lagdo sik nidh wid angna bro
Ok skullo the bro kasta ok werya
2285 om nakor man wil i landit herya
Tha hertogin hörde at the waro thär
han sagde see huar her matius är
Ok biid han hiit til mik gaa
jak sigher honom huar han ma äwintyr faa
2290 Herra matius han war tha gladh
ok gik til hertogans i samma stadh
hertoghin sagde war ey swa frii

49

for then skuld iak sigher for hwi
The haffua brona sönder brutit
2295 ok tymberit er alt bort flutit
Thy weet jak ey huro tw komber öwer
herra matius sagde swa frampt iak liffuer
Tho at the haffdona alla bränt
jak skal öwer thz er ther med änt
2300 Swa frampt iak finder a eth waad
jak söker them i thera bodha stadh
Han took mz sik them han wille haffwa
the haffdo en langan wägh at trawa
Tagher the komo til then aa
2305 tha war swa mörkt at engen saa
een then annen fore honom reedh
the aa war bade diwp ok breed
ok war full ill jnnan at ridha
summi villo dagsens bidha
2310 Herra matius sagde wy skulom her til
thz gange som war herra wil
thera örss the wodho ok stundom sommo
tha halp them gud at the komo
ower vpa thz andra land
2315 en man gik swa illa i hand
thz han druknade i then ström
ther gawo the aat enkte göm
thera fiande lagho alle vti en by
ok haffdo fore rägn ok wäder ly
2320 the riddara alle i en gardh
ok hiollo ower sik en starkan wardh
Ther war tha jnnan gardin ränt

en eld haffdo the warman tänt
han laa mit a gardin ok bran
2325 tha loop en thera wardman
til stuffwonna ther the herra lagho
tha hertogans men thetta sagho
thz hwss ther the herrane waro wt j
the sprungo aff örsen meer än ty
2330 Ok lopu alle for the dör
tho haffdo the fangit budin för
at hertogans men waro swa när
tha ware bätre thädhan än thär
sommi fingo thera tröyor oc thera plator
2335 wy seem nw wäl at illa lather
wy skulom oss här fangna giwa
eller oss er litin waan at liwa
Karl elina son wart ther saar
hörde til hertugh waldemar
2340 The wordo ther alle hertogans fanga
ok loffuado gud at thz skulle swa ganga
at the fingo ey dödha men ok sara
flere än the tha waro
thera örss ok thera hästa
2345 them fördo the bort alla the bezsta
50 harnisk ok plator ok annat meer
badhe kopar tygh ok tasteer
klede sölff ok peninga redha
tha took konung birger illa at edha
2350 then tidh han the tidhande fiik
thz hans mannom swa misgik
Ok sende tha breff til alla landa

ok loot sina men thz forstanda
ok badh them alla til redho wara
2355 konungen wille ena reso fara
ok wille dala hwss beleggia
ther wille han engen man aff eggia
The giordo swa som konungen badh
ok möttos alle vpa en stadh
2360 annan tima widh angna bro
fore tio twsand man them forslo
badhe hoffmen ok bönder i bland
swa foro the gönom wermaland
ok haffdo kwmber ok mykit qwal
2365 för än the komo bort til dall
tinghat swa som husit war
hertogh Erik ok hertogh waldemar
the waro tha til norghe ridhne
jak tror at the giordoth alt obidne
2370 ok sagdo konungenom swa
ok lotho honom thz forstaa
at hwsit var belakt
tha sampnade konungen sina makt
ok fik hertogh Erik henne i hand
2375 han drogh ok genast i thz land
tith som konung birger laa
tagher konungen thz fraa
tha redde han sik swa til
som then man ther stridha wil
2380 Tha hertogh erik han kom thär
vpa ena halwo milo när
Tha wardh thz takit i en dagh

ok kom tha jnnan eth miwkare lagh
Ok forämpnadho tha ther sik
2385 konung birger ok hertogh erik
Ok thera broder hertogh waldemar
huat them tha til retta baar
aff rikit thz skullo the ater hawa
ok konungsens hyllist ok hans gawa
2390 hans klede ok hans gotz til laan
fore thera tienist thz er myn waan
Tessa lundh tha wordo the satte
thz giorde gud som bezst formatte

Konung älle haffde hertoghin qwart
2395 wille han tighat eller ok hwart
han wille i norighe fara
thz wille konungen ey wider honom spara
51 til hans eller til annan stadh
huat thz war han konungen badh
2400 thz war honom ekke swnt
vtan alt war honom thz wel wnt
Een tidh hertogh Erik badh
konungen then tiid han war gladh
gathin i mik wardbergh läth
2405 thz ware mik fulwäl räth
konungen swarade ä hwat jak wil
Tha hörer thz grewa iacop til
Ville han thz fore sölffuer latha
thz ware mik wel til matho
2410 konungen sagde jak giffuer honom wiist
sölffrith gither han hwsit mist

Grewin konungenom huset loot
thz war hertoghanom enktet amoot
han fik thz hertoganom i hand
2415 ok ther med halfft halland

THa jnnan thz samma aar
Tha skildis hertogh waldemar
widher sina husfrwo
som the skilias ther ey mogha
2420 saman wara fore the faall
jak kan them ey nw nämpna all
jak weyt at the ey skyldoss aat
fore osämyo eller ond laat
The haffdo tess gerna hafft fordragh
2425 The skyldos fore gudzsitzwa lagh
henna fader haffde han hallit
til cristendom thz haffuer thz wallit
the waro vngh ther han them gaff
saman ok wiisto ther enktet aff
2430 Tho loffuado biscopane them bade
at giptas vm them wordit til radha

Tha tok marskin vm sik at jäwa
medhan hertughin vil sin vilia hawa
at the skullo honom angist til dragha
2435 ok war han varnader alla dagha
at hertoghin var honom ekke goder
han heet konungin sin broder
Han er myn broder jak er hans man
Jak hopes thz at engen kan

2440 gita thz a mik fulfört
at jak hauer nokra sakir giort
vtan thz ware konungsins budh
jak ville at jak hade swa tiänt gud
swa som jak hauer tient honom
2445 tha ware mik bätre löön i wanom

THer nest kom konungen til lena
ok mz honom mange riddara oc swena
Ok hans bröder hertogane badhe
52   tha lydde konungen thera rade
2450 Ok loot herra törgils knutzson fanga
sidhan took honom at misganga
Jnne fore honom som han stood
han sagde ädela konunger good
Thz i mik snödelika wt giffwin
2455 tess hawen i blygd ä mädhan i liffwin
hans dagtingan halp honom ey eth haar
then tiid mannenom misgaar
Tha er han taghan litet hörder
vm nattena var han thädhan förder
2460 Ok wardh satter vpa een hest
ok hans föther vnder bukin läst
Thz giordo the for then saka
at man skullen ey aff them taka
Ok ridhu hender tiwidh
2465 Ok räddos starkelika ofriid
aff hans frender ok aff hans magha
thz the skullo leggia fore them lagha
Thy ridho the bade dagha oc nätter

mangen ädela hester war ther trötter
2470 för än the stokholm nadho
mange dughande men tha badho
wäl fore honom hwa han saa
at han skulle godha dagtingan faa
A stokholms torn satto the han
2475 han giorde som en witer man
optelika sin scriptamall
ok tenkte vpa sina siall
han wänte sik enga vndan färd
vtan at han skulle döö for eth swerd
2480 fore jwlin tha war thetta här
gen fastogang tha kom thär
herra folke jonson aff fanöö
ok sagde honom at han skulle döö
ok badh han redha sik ther til
2485 fore thy myn herra konungen wil
tik ekke lenger latha liffwa
thy skulin i mik thz forgiffua
ath iak gör som konungen bödh
thz er mik leet vm idhen dödh
2490 The leddon sunnan widh then stadh
ok giorde swa som konungen badh
först tha growo the hans graff
Sidhan huggo the honom hwodit aff
A werldin huru tw pläghar löna
2495 huilkin man tik wil wt röna
thin vänlik ok thiin fagher laat
the endas offta med sorgh ok grat
ouer then graff han jnnan laa

53

ther lotho the eth tiäld ouer slaa
2500 ok lotho ther eth altare göra
hwo ther messo wille höra
Ther matten faa hona alla dagha
är hans siäl i nokor plagha
Tha giffui gud honom hymmerik
2505 for then dödh han tholde a sik
eth korss saa man ther staa
hwa til stadhin faar eller fraa
The badho tess heller fore honom
honom war thess mere nade j wanom
2510 han laa ther i hedne jordh
Som bysins fää gik ok thera hiord
alt til litit for pingisdagha
tha badho hans frender ok hans magha
at konungin skulle swa wel göra
2515 loffwa them at the matto han föra
thädhan ok til barfötta bröder
hwem skadar thz mädhan han er döder
Thz man graffuer hans been ther nider
Som man fore allom siälom bider
2520 jak tror til gud ther alt formaa
thz han skal sin deel ther aff faa
Aff thz godha ther man ther gör
at faa hymmerike thess för
swa frampt vm var herra wil
2525 tha gaff konungin sith ja ther til
The toko han wp aff then mark
hans kisto ok swa hans ark
Then tiid the han thädhan baro

alle the klärka i stadhin waro
2530 The gingo alle i moot hans liik
han war en ädela herra riik
then stund ther han liwande war
til thz kloster man han tha baar
Ok lotho han ther wel begaa
2535 med messor ok med saltara
Ok lagdon nidh i then koor
then gud i hymmerike boor
take hans siäl i sin wäre
fore thz kwmber liffuit tolde häre

2540   Varfrw dagh ther ywer meer
tha tymade thz som opta skeer
Tha war eth hoff i biälbo
ther war mangen man blidh ok froo
hertoghin giorde at sina män
2545 bröllöp som herra plägha ok än
at the men ther the wäl röna
thz er möghelikit man skal them löna   54
wäl thz er ädela herra sidh
Ok helzt then tidh han torff hans wiidh
2550 Ther waro fääm bröllöp all i sänder
wäl er then man godha lycka händer
Ok then högha gläde skal skee
at välia sik ena aff alla thee
frwor jnnan werldin är
2555 Ok haffua henne j sith hierta käär
ok hon aff hiertans kerleek wil
honom wäl til dödhin them at skiil

Taghar thz hoffwit thz war änt
tha haffdo hertogane sänt
2560   sina men vp i Swerike
ok ridhu mz faa men hemelika
swa at ther skulle enkte ord aff gaa
Ok loth sina men thz forstaa
huilkin stad the skullo honom möta
2565   ok haffdo hugt sin skadha böta
Ok ridho wp i swidhi[w]dhe
konungen loot them ekke biwdha
Tho willo the konungen gerna see
For then skuld tha ridho thee
2570   til hwndhamar thera gardh
han ligger langt owan kolmardh
Ther lotho the thera hästa staa
ok toko the skip the kunno faa
Swa mang som them wäl baar
2575   ok rodho tiit som konungen war
konungen war i hatuna
ok hertoghin kom rät i then luna
som konungin wille til bordz gaa
then tiid konungen them saa
2580   han vntfik them mz mykin tokt
han wiiste ey huat the hado hokt
Thera kläder the wp baro
alle the hertogans men ther waro
gingo wt i thz hwss the skullo hawa lighat
2585   then tid the komo alle tighat
Tha drogho the thera wapn vpa
swa at engen konungsins man thz saa

Then dagh war tha när forgangen
tha ward konung birger fangen
2590 Ok drotning märita med honom
sidhan ward örlögh yffrit i wonom
en smalensker swen heet Aruid
then tiid han saa then ofridh
ok han forstodh at jlla loot
2595 tha loot han thädhan gaa til foot
Ok konungsins son vpa sin baak
han loop ok haffde mykit omak
han war en vnger man ok stark
ok barin thädhan ok til danmark
2600 Ok fik han konungenom i sith skööt
tara nider a hans kinder flööt
Ok sagde honom thz han haffde seet
tha war thz konung Erik leet
taghar han fra hwat ther war tiit
2605 the tidhande flugho tha yffrit wiit
liwer noghor man thz mon
thz barn war konungsins förste son

Om mikelsmesso tha war thetta
the fengilse haffdo thz at sätta
2610 at the willo thera harm swa hämpna
huat man wille for konungin nempna
thz giordhin han haffde ey annat til
the sagdo gör som thin broder wil
laat them wp badhe hwss ok land
2615 ok antwardet hertogh erik i hand
Til stokholms the han tha fördho

55

tha the borgara the*tt*a hördo
The sagdo wy viliom ey husit giwa
then stu*n*d the wisto konu*n*gin liwa
2620 Til nyköpu*n*gs förde the ha*n* thadhan
he*rr*a matius la fore stokholm mädhan
fore husit ok haffde stadhin
ha*n* giorde som he*r*toghin badhin
konu*n*gen satto the i nyköpu*n*g nidh
2625 ok gaffwo hono*m* hwat ha*n* torffte widh
til sith liiff bade öll ok maat
swa at fangit folk ey bä*te*r gaat
farit än the foro bädhe
badhe til mat dryk ok kläde
2630 j sama stadh han tha waar
the*r* för war konu*n*g waldemar
The haffdo got herberge jnna*n* sowa
steka*r*e hwss ok werme stuffwa
ok en dande ma*n* them skulle göma
2635 ok plägha them wäl so*m* ha*n* loot the*m* söma
Ok faa the*m* alt thz the kraffdo
war thz swa at foghoten ey haffde
ha*n* skulle them faat ä hwar thz war
*m*z bliid laat ok godh antswar
2640 Swa at the foro ärlika wäl
ekke swelte man them j häll

Rikit gik hertoghano*m* alt a hender
riddara oc swena och the*r*a frender
56 The fölgdo hono*m* ä huart ha*n* wilde
2645 tha fra he*r*togh erik the*n* milde

at konungin aff danmark
haffde wtsänt marga hålada stark
the til swerikis tradhe
Tha sampnadis hertoghane bade
2650 Ok foro a hender landamerke
mz manlik makt ok dygher stärke
Tho haffdo the ther skamma lägho
the danska foro andra wägha
vtan lagho wid kindahws en stund
2655 sidhan foro the til bawaswnd
viii dagha lagho the thär
för än the dansko komo swa när
vpa ena milo langt
man saa ther margt eth harnisk blangt
2660 Ok margha gäwa plato ny
The vplenzsko haffdo ey hugt at fly
Däni sagdo at the willo stridha
the vplenzsko sagdo at the willo bidha
Tha ward thz takit j en dagh
2665 ella haffde ther wordit eth manzslag
Däni foro tha ather heem
ok hertoghin han gaff orloff them
ther vthe haffdo mz honom warit
the haffdo ok gerna heem farit
2670 The haffdo takit i dagh eth aar
then somaren ther epter war
foor hertogh waldemar til tytzland
huro honom gik ther i hand
thz maghin i höra fram a leed.
2675 hertogh erik skipade sinne reed

om olaffs messo til norigis
ok tenkte han at wara wiis
at han skulle fanga sina möö
ok mötte konungenom i kraxöö
2680 Tha stodh konungsins dagtingan swa
kan jak ey wardbergh ater faa
Tha kant tw ey myn dotter fanga
hwar epter torff mik tha langa

Tha sagde hertogh Erik
2685 viltu hona ey giwa mik
gud giffue henne lycko å hwo hona faar
wardbergh faar tw ey ather i aar
ok tess at sidher attu swa lather
tha vände hertugh erik ather
2690 til konungälle ok hiolt sin kost
viin ok miöd öll ok most
var ther yffrit til reet
57 mik totte at jak haffuer ey seet
en vänare kost än ther war
2695 höwelik klede mangt eth paar
hertoghin ok hertoghans men ther baro
ok gawo the gärende ther waro
Ther war gör en höwelik saal
Grewe Jacop kom them i then qwal
2700 han wille haffua husit ater i geen
han miste thz thy han war seen
The haffdo ther meder mykin tokt
then kost haffdo the til bröllops hokt

Härtogh valdemar foors pelagrims ferd
2705 ok hedrade varfrw som hon war werd
mädhan loot han soldera
atta hundrad örss ok än mera
The epter honom til swerighis foro
mange wise men thz sworo
2710 at the haffdo ey seet en vänare här
aff swa mykit folk som tha kom thär
fäm hundrad örss komo ther til
man hauer mik saktet som will
tyghat mz then man thz saa
2715 hwo the fäm hundrad skulle besta
han torffte wel wiid hundrad tii
for then skuld jak sigher for hwy
bätra riddarskap jak ey weyt
jnnan all cristenheth
2720 Thz er hoffmen aff vplandum
aff östergötland ok smalandum
hwa som räkna wil all thera dygd
han sigher at thz er ekke lygn
Tessa förde hertogh Erik
2725 alla wt i skane med sik
geen jwlin tha daghin vtgik
tha konung Erik the tidhande fik
Tha foor han ower öra swnd
ok ville ey tha bidha en stund
2730 första dagh the komo tiit
tha fingo the kost i godha liit
Swa at hertoghane ok all thera här
the haffdo yffrit a mädhan the waro thär

halwan annan dagh ok ena nat
2735 swa at engin kerde at honom war faat
odhkna liunga swa heet then by
then koster war redder ther for thy
at konungen skulle han haffua nöth
Tha kom hertogh erik jamsköth
2740 Ok took thz vtan konungsins taak
mest war thz trampöll man ther draak
konungsins broder ther foor saa
58   mz hundradha örss han ther laa
han ward ther fangin at andre flere
2745 thy at hertogans makt war tha mere
The brendo alt thz the ower foro
badhe sma bya ok swa stora
j gräwia waro the jwla dagh
The bönder haffdot gerna haft fordragh
2750 the tha lupo i skogh ok skiwl
jak tro the haffdo en krank jwl
Sidhan drogho the gönom halland
medh godhan friid ok vtan brand
for thy thz hörde cristoffer til
2755 hertogh Erik sagde jak will
brenna for engin man här boor
han er myn vin som jak tror
Tho hwaro war thz i twem
swa foor han til landa heem
2760 mz sith folk ok med sin här
the tyzsko han haffde thär
Them satte han nidh i köpstadha
swa at the skullo göra engom manne skada

Ok satte them en forman

2765 hwat them war faat thz kraffde han

köpmen reddo them öll ok maat

hwar epter sin empne som han gaat

bönder skullo thera hesta födha

ok fördo them foder mz dygher mödha

2770 ther i suderköpunge lagho

som bönder hördo rönto ok sagho

Swa liffdo the tyzske wider them

the ridho a landit til them heem

thera drängia ok vtheet

2775 then gör å illa som litet weet

Ok toko hwat them wart til radha

oc giordo them wald ok mykin vnade

bondomen took tha wider at ledhas

ok toko at stikna wider ok vredas

2780 Ok slogho en titzskan swa vmsider

ath hine wordo alle oblidher

ey reedh han wt i bätre lunw

än ater kom han med rödhe krwnu

Tha wordo the tyzsko alle vrede

2785 ok totto illa vara at thz skedhe

Ok drogho thera tygh vpa

ok willo bondomen bestaa

med enne stridh vm the gatho

the salighe bönder tha hema satho

2790 skäpto thera kölwor ok thera lee

then stridena tapade thz waro thee

The tyzsko tha sigherin wnno

bönderne fiollo ok summi rwnno

59

THär epter nästa somar dagha
2795 tha loot konungen aff danmark dragha
sin här jn j Swerighe
mange riddara ok riddara like
ward tha junan swerighe sedher
fore konungsins äro ok hans heder
2800 ther them haffde wt sänt
grewans baner war ther känt
aff holzeta land
Ok saa man ther med i bland
hertoghans baner aff sletzwik
2805 waldemar en förste riik
The twe herrar fore hären sagho
j lundby the tha lagho
Then tidh hertogh Erik kom
ok med honom mangin helade from
2810 Ther war tha dagtingat swa
at thz skulle i en dagh staa
vm konungin vtkoma matte
tha skullo the wara wel satte
Ok haffua tridiwngen aff rikit
2815 tha war thz ther swa forlikat

The ädela men i Swerighe boo
the haffdo eth hoff i örabro
vm fastona ther epter war
ok giordo thz them jnz retta baar
2820 Ok kom allom them til radha
at the willo göra widh konungen nade
ok latha han wt aff then häfft

ok aff kwmmerlikom kräft
vm han wille thz loffua oc swerya
2825 at han skulle aldrigh a rikit herya
mz nokon vtlenzakan här
Swa wiit som rikit är
Tha skal han haffua sin tridia dell
ok annat huat honom bör till
2830 Om han wil swerya a then crist
honom skapade löff ok qwist
Ok vpa thz helga brödh
gudz likame for oss tholde dödh
tha viliom wy ekke vita hans skada
2835 vtan hedran ok äran alla stadha
Epter paschana kom rikesins radh
til nyköpung swa hether en stadh
ok a thz hwss ther konungen war
ok villo höra hans antswar
2840 vm han ville ther vnder gaa
Som them haffdo allom sampt vpa
han took thz vilkor the haffdo honom lakt
tha matten heller haffua takt
Ok haffua sith land en stund vmboret
2845 än han haffde sik swa meen sworet
han swor sik alzstingis meen
Ok giorde sin skapara mykit i geen
A gudz likama ok a hans blodh
thy wär at han sik ey forstodh
2850 Ath gud läte wara thz ey ohämpt
han matte thz heller hawa onämpt
än swerya thz han ville ey halla

thy wart hans plagha margh falla

han gaff vth breff ok loffuade tro

2855 ok kom sik siälffwan i mykla oro

Ok giorde som en owiis man

han wilkorade thz wnder ban

Ok bröt thz taghar äpter i stadh

then war owiis ther honom thz baadh

2860 Ther war ey lankt mellon thz han swor

ok han wt aff rikit foor

Til sin magh konung Erik

konungin gaff honom klede mz sik

ok wntfik han mz mykin tokt

2865 Ok haffde konungen Erik hokt

at hempna mz honom all hans harm

Ok angrade at han war swa arm

ok gaff honom hwat han torffte wid

oc jätte vplänzskom mannom ofriid

2870 Ok sagde tessalund til honom

Sörgh ey tik er alt got i wanom

Jak driffwer a danmark en skat

som iak tror at han sagde fulsath

vpa thz höxta thz forma

2875 eller tw skalt swerighe ather faa

Thetta stodh en stund ok bleff

Tha sende konungen aff Norighe eth breff

till hertugh Erik

badh han widh älwin möta sik

2880 owan widh konung älle

hon flyter tweggia landa i mälle

Swerighe ok Norighe
A mwnka holmen möttos the
Them sampdo ey wäl a badhom
2885 hertugin haffde wel warith mz nadhom
han hopade konungsins dotter faa
ok konungen han wille ey saa
Tha wille konungin hawan belakt
tha wart thz hertogh Erik sakt
2890 hertoghin haffde än husit tha
herra fikke war ther forman aa
Hertoghin reedh til lergha swnd
ok foor ther ower en lithin stwnd
ok reddis sidhan ey hans vrede
2895 vm somaren war thz thetta skeede
Konungälle war tha wel mannat
hertogh Erik hugde ey annat
än konungin wille husit wynna
tha took han sik ath forsynna
2900 ath ther waro raske hälada vpa
ok thz war ilt at aff them faa
Fäm wikor laa han thär
mz en storan kräfftigh skip här
Baghahwss war ther tha bygt
2905 ok ey tho hwario komit til lygt
Thz war aff trä ok ey aff steen
thz war hertoganom dyghert i geen
at thz hwss kom ther at staa
Grewe jacop war ther thaa
2910 han staak thz i konungsins öra
at han loot thz hwss wp göra

Sidhan foor konungin hem til landa
ok husit thz gör the men wanda
ther fara at älwin wp ok nidher
2915 thz er ey alt got thz man honom bider
ther til radde at byggia thz oop
löön taker han i helwitis poot

SJdhan sampnade hertogh erik sina makt
ther vinterin haffde siona lakt
2920 Swa at them nytte ridha ok gaa
han took then wägh til norigis laa
Ok wände ey för än widh oslo
The Normän kastado mangin bro
Thz halffp them allom ey eth haar
2925 the känna thz ä mädhan norige star
at hertogh Erik ther waar
Them tykker än som han faar
For akerss hws han sik tha lagde
Ok wandade ey hwat konungin sagde
2930 Ok giorde riddara ok howade faast
ok räddis normen ey eth bast
The men ther bodho i then stadh
the giordo gerna huat hertogin badh
The haffdo ekke annat till
2935 at ther stadhin ok husit skill
thz er en litin siowiik
stadhin war tha yffrid riik
Ok giorde huat hans fogote sagde
hwat thz war han a them lagde
2940 Thz skulle sköt til redho wara

swa frampt at the willo wel fara
Ok bruggo bade dagh ok nat
ok reddo kost swa at ey war faat
Aff landit toko the swin ok nöth
2945 hästa foder swa at ekke trööth
Tha wart hertogin illa til räka
tho haffdin med sik en läkia
Ther honom halp for dödelike soot
ok gaff honom thz honom giorde goot
2950 Thz war om jwl mädhan the waro ther
en aa vpa ena milo när
ran ok ther gik ower en bro
Nordmän swa at man forsloo
hiollo ther wnder eth baner
2955 wäl thry tusand ok än meer
Tha hertugens men wordo tess ware
at Nordmen komo en digher skare
Tha loto the thera örss wtlädha
ok wordo raskelika til redho
2960 Ok rändo tiit som fiandene ware
the vplendzsko wordo mange sare
The Normen fiollo som gräss
ther bönder sla ok läggia i hääss
Swa drogh man saman them ther i kast
2965 man ma them giffwa tho enga last
The haffdo gerna wart sith land
än tho at them gik illa i hand
tha er them engen skuld at giffua
the flyddo som lenger willo liffwa
2970 The fördo thädhan manga fanga

vm sidher took hertogh erik langa
til landa for thy at han war siwk
han kende at sottin war ey miwk
Ok räddis tha for dödzins swik
2975 Ok foor tha ather heem til swerik
Sidhan tinghade ok landet alt
ok loffuade thz man aldreg galt
Ok gisla fördo the med sik heem
war ther nokot landzskap mz them
2980 a mot sagde ok wille ey swa
ther lotho the brandin ower gaa
Swa skildis han widh nordmen
jak tro wäl at the mynnas thz än

SJdhan sampnadis nordmen saman
2985 skula här göta göra aff gaman
at the haffua bränt wart land
tess hawom wy lenge skada oc skand
vtan wy fynnom ther til radh
all wärldin halder oss for haadh
2990 wy wiliom bränna ather a moth
swa at the faa thess sirla boot
Ok sampnado sik ok foro til dala
hwat wil iak annat ther vm tala
The brendo alt eth härat swa
2995 man saa eth hwss ey ather staa
63 En riddare war thera forman
herra jwar jonson swa heet han
The komo til landa vtan skadha
som än timar manga stadha

3000 lykka er båtre ån gull
them faar wål aat som gudh er hwll

EN goder man heet helge baat
han sporde at them foor wel aat
Tha wille han ok ena reeso göra
3005 huro han foor thz maghin i höra
Han foor ok i dala nidh
mz mykin hår ok mykin ofrid
Ok took ther fåå faar ok swin
ok ville hwar driffua hem til sin
3010 Ouer berga stigh er en liten stwnd
tha hördo the bamba vnder en lund
annan wåghen widh eth kår
hår komer hertoghin thy er wår
Tha swarade thera forman
3015 hwat witom wy vm thz er han
Thz ware nw å hwa som ma
mik hopes thz skal oss alt wel gaa
Tho waro the ey alle vtan sorgh
thz war foghoten aff dala borgh
3020 Ok haffde hertogans baner vpstikkat
ok haffde sik swa wenlika skikkat
at nordmen gawo wp eth wiik
ok jåwade tha hwar om sik
huro the skullo koma hem til landa
3025 ok waro råth kompne jnnan wanda
Ok lotho tha löpa alt thera bw
then haffde tha enkte som för hade tw
Thera forman sagde dughande men

wärin idher sielffue oc flyn ey än
3030 The komo tha saman vpa en wall
swerdin klwngo ok bredhan gall
Nordmen tappado sigerin thär
ok loffuado gud at skoghin war swa ner
ok skylto sik i skogh ok riiss
3035 hertogans men the wnno ther priiss
Then bezst kunne weghin aff allom them
jak tror at han kom skiotast heem

The pingisdagha ther epter nest
tha frost ok snio ok regn oc bläst
3040 forgik ok vinters twangh
ok fugla birgiadhe thera sangh
Tha wille konungen aff norighe
ok med honom andre flere the
han wille tha at mz honom foro
3045 snekkior manga ok budzor stora
waro tha til redho ok segildo thädhan
summi lagho ok hema mädhan
64   han segilde a hender danmark
tha war börren twär ok stark
3050 Ok dreff mang skiip i kalffswnd
tha the haffdo ther lighat en stwnd
Tha kom ther hertogh Erik
ok böryade tha en annen leek
Ok thook a hwar han matte faa
3055 häller större skiip än smaa
Ok skipade sina men ther i
vnga hälada raska ok frii

The rodho wth til thera i thz haaff
ok wnno them siw skip bort aff
3060 ok slogho mykit folk i haal
thz edde konungenom ekke wäll
herra jwar jonson bleff ther dödh
A herra gud warkunne then nöd
at han i then wanda kom
3065 hertoghin loot ther illa om
at then dughande man war dödher
the baro han til barfötta bröder
Ok lotho han erligha begaa
mangin dughande man thz saa
3070 Ther war erengisl aff skara
ok skulle tha ena reyso fara
Ok herra magnus cristina son
vm the färd war engen mon
Ok herra magnus algotzson mz them
3075 the foro tha bort ok aldrig hem
tith som Nordmennene lagho
tha the nordmen thz sagho
at the waro alt aff faa
ok skipin waro litin ok sma
3080 Tha redde hwar sik swa till
rät som then man sik verya wil
The rodho mit i then hoop
ther war bang ok mykit oop
Nordmennene stodho öwer them hökt
3085 huat the gatho slagit eller stöth
ok kastat nider med ladhsten
swa at ther war ilt at standa i geen

The toko the herra tha til fanga
ok lotho them vpa landit ganga
3090 Ok fördo them wt aff thera tyghe
fule hålade ok odryghe
komo ther löpande ok wthet
ok frestado om bredan beet
The hioggo them alla ther swa sma
3095 ey la ther stykke som annat laa
swa plägha oädla men at göra
å hwar dughande men thz höra
the otakka them for thera gård
the haffdo manga skalka i thera färd
65 3100 Gud giffui thera siäl hymmerik
for hardhan dödh the tholdo a sik

Tha war konungen at thz hoff
vtan synne hustrw loff
gaff han sina dotter bort
3105 jonker magnusse swa hauer iak sport
the hertugh Erik haffde fäst
thz angrade drotningen alla mäst
Swa sigelde han til landa heem
tha fik han tidende aff them
3110 i kalfswnde haffde striit
slik tidande fik han yffrid tiit

Thz samma aar hertogh erik foor
ena reyso mathelika stoor
ffor thy at honom war sakt
3115 at Nordmen the med litle makt

willo ower a swerige stötha
at göra skadha ok enkte böta
Thy foor han til norighis
the tidande waro honom sagdh for wiiss
3120 at Nordmen willo mz honom stridha
tha flyddo the ok thordo ey bidha
wtan hioggo fore honom en brota
ther kom han ower med sin rotha
Ok til en by han heyter liwngby
3125 han hörde til herra tord vnga
Ther lagde hertoghin sik nidh
the nordmen gaffwo sik illa widh
Ok lotho bygdin staa all ödhe
som ther haffde warit en mandöde
3130 ok folkit ware alt wt aff döt
man haffde ey eno barne möt
Tho at man haffde manga milo ridith
Swa haffdo the mykla angist bidith
hertoghin wiiste ey hwar the waro
3135 tho waro the alle til samman tho at hwaro
j skogha haffdo the sik härt
thy at flestum är liffwit kärt
hertoghin wiiste alla vegna
ok kunno enkte til thera fregna
3140 Tha wiiste han tiwgho vm then matho
the a godha hesta satho
the skullo ridha ok forsee
hwar the waro nordmennene
The nordmen a ena berghe lagho
3145 ok wiit ower landit sagho

Tha the sagho at the waro ey flere
ok thera rothe war ey mere
Tha loto the genstan til thera staa
ok drapo en man heet jönes bla
3150 thre hertogans men dogho there
slik er örloghis märe
66 The andre komo wel bort fran them
swa at nordmen matto ey faa them
ok komo tiit hertogin war
3155 tha man honom tessin budin bar
Tha giordo the som hertoghin badh
ok sattos a thera örss i stadh
Ok hiollo a markin langan riidh
ok wänto at fanga ther en striidh
3160 Thy flyddo tha nordmen alla vegna
huar tit han matte sik hegna
hertoghin han foor ather til landa
mädhan the thordo honom ey bestanda
Ok brende swa mykit honom wart til rada
3165 Sidhan skortade hertogenom ey vnade

Aff danmark konung Erik
han sampnade starklika sik
med däni ok tyzska mz i bland
margin man aff främada land
3170 wäl räddir i hans thienisto foor
thy war hans här mykin ok stoor
Adhirtan landz herra
summi mz flere örss ok summi mz färra
komo honom tha til trööst

3175 jak tror at thera panter ward wel lööst
han gaff them synderlika gaffwo
ok wissade them alla thera hawo
Gaff wt söllff a badha hender
thusende lödugh mark i sender

3180 hwa sölff baffuer yffrit wt at giwa
han finder manga the hooss honom bliwa
Taghar the waro kompne thär
the herra honom bodho när
The sagdo nw seem hwat wy formogho

3185 the haffdo thryhundrada örss ok tiwgho
the med honom til swerigis ville
tha reed hertugh Erik then mille
wt a hender landa merke
mz manlik makt ok dygher stärke

3190 han war ey tha starker swa
at han matte konungenom besta
konunga hertogha ok grewa
ther saa man manga hälada gäwa
ffölgia konungenom aff stadh

3195 ok giordo gerna huat han badh
Tha the komo til swerik
tha gaff hertogin wp eth wiik
ok rymde fore i landit jn
huat ther fore war thz sin

3200 kost ok foder thz took han alt
jak tror at konungsins folk thz galt
Huat the gato om daghin farit
ther haffde hertoghin fore them warit
Ok haffde swa geen them reet

67

3205 at the haffdot gerna bäter seet
bödh sik nokor fra them här
tha komo ä hertogens men thär
ok drapo slogho oc hioggo alt nidh
ther toko the alt styggias widh

3210 Ok toko om sidhe widh at see
Hwar tiwgho ridhu wt ther komo hem tree
Ok torde engin swa fra härin gaa
vtan litte at the han kunne faa
Tha hertoghin kom til wernamo

3215 the men honom waro hulle ok tro
Them loot han een deel fara
til lödesa ok til skara
Ok satte sin hws mz goda men
som the herra plägha ok än

3220 Ok wälia thz bezsta tha om tränger
ok the hawa ey empne at bidha lenger
widh kwmblarwm grep han en wäria
Vm sidhe kom konungen thäre
Tha rymde hertugin til holawidh

3225 Ok konung birge lagde sik nidh
j jöneköpung mz riddara ok swena
thy at ther war ilt til stena
Tha bygdo the eth hws aff trä
nöth ok faar ok annat fää

3230 driwo the ther wp a ok slogho nidh
ok räddos aff hertoganom ofridh
Konungen ville vm skogen ridha
ok hertoghin haffde ther hught at bidha
ok haffde i bialbo nider lakt

3235 tyzska tha the hördoth sakt
Tha komo the hertoganom til ty
widher säm som heyter en by
Danomen took fast ower lidha
ok hertogin wille inz them stridha
3240 herra matius haffde hans baner
tha tymade thz som opta skeer
hans örs störte ower en steen
thz war them allom digert i geen
Ok fiol swa angislika fast
3245 at banerstangin swnder brast
Tha konungsins makt all ower kom
tha wendo hertoghane sik vm
Ok skildos ther aat badhe
ok tho mz begges thera rade
3250 hertogh Erik foor til Calmarna
then annan wille til stokholms fara
ffor nyköpung lagdos the
konung erik ok konung birge
Ok the herra med them waro
3255 fingo ther dödha men ok sara
ok systo ther inthe annat
thy at husit war wel bemannat

     Tha hertogin til kalmarna kom
tha gaff han sidhan mynna om
3260 Tw skip mz tytzska komo tiit
han fik tha folk i godha liit
Ok loot ok borgara inz sik fara
aff wardbergh ok aff Calmara

68

reedh swa til jöneköpung nidh
3265 foghotin war ther ware widh
ok kom i folkit mykit rykt
thz husit denene haffdo bygt
thz brende han tha alt i röther
Dödhin han er ekke söther
3270 thz rönte herra jwan
en höwelik riddare ok wäl dan
han war ther skutin i häll
thz edde hertoganom ckke wäl
En riddare heyt gudzsärk
3275 han fik ther ok slikt sama wärk
han hörde konung birge till
mannen dör tho han ey will
Ther miste han sith liiff
fult gaff han fore thera kiiff
3280 Then tiid thetta war alt änt
ok hwsit wnnit ok alt bränt
Tha lagdis hertogin a axawal
ok med honom hans rothe all
Ok kallade saman wesgöta
3285 Ok wille konungenom ther möta

Then tid konung erik thz fraa
at hertogh Erik ther laa
Ok jönaköpung thz war wnnit
ok mennene waro borto ok husit brwnnit
3290 han sagde her duger nw engen bidhan
jak hawer ä lighat här sidhan
mikelsmesso ok nw er jwl

markt eth örss ok mang en gwll
Tha haffuer iak här sidhan mist
3295 haffde iak thetta förra wiist
jak haffde her komet ey i aar
folkit stundar hädhan ok traar
Wy haffwom landit alt om oss ööt
wy gitom oss her ey lenger fööt
3300 mik er hwsit nw swa när
som första dagh iak kom här
attanda aptan han wp bröt
hesta been ther ekke trööth
mik thotte som iak aldrigh saa
3305 flere än ther a markin laa
mangen gik tha thädhan til foot
ther örs ok hingxsta ther loot
konungin ok hertogin möttos tha
ok lotot i en dagh at staa
3310 konungin skulle thz for forämpna
at engin skulle thz sidhan nämpna
Vtan wara wini ok wäl satte
ok huar haffde aff rikit thz han atte
Konungin reedh tha hem til landa
3315 ok kom bönder i mykin wanda
Lagde mark sölff a hwan plogh
bonden salde bade jord ok skogh
ffor then soolt han wt galt
ok ey wardh thz ther mz gullit alt
3320 Tha han haffde then skat alakt
tha sannadhin thz han bade förre sakt

Tha reedh hertogh waldemar
tiit som hertogh Erik war
Aff stokholm med en wänan rotha
3325 badhe riddara ok riddare nota
wplenzska ok tyzska i bland
Ok ridhw til westergötland
Tha wart konungälle belakt
aff hertoghana ok thera makt
3330 Thz war nyleka them aff gangit
ok konung hakon haffde thz aterfangit
litit for the samma dagha
konung erik wille i swerighe dragha
Ok hertoghin ward widh landamäre
3335 mädhan kom konung hakon thäre
oc belagde husith ok twang them saa
at foghotin gawit ther war aa
ffoghotin war ok en Nordman
Herra thore wnge swa heet han
3340 han war ok [räd] for konungsins vrede
her star thz screuit huro thz skede
Thz han matte ey husit halla
thz mwnde hans gotz hans frender walla
The han innan Norighe atte
3345 konungen ok han the wordo satte
Ok war tha foghote fram a leed
thy war honom hertugh erik wredh
Ok wille husit aff honom wynna
70 ok sagde iak later thz ey mz mynna
3350 jak hauer thz för än iak faar hedhan
The nordmen reddo sik a mädhan

Ok willo husit haffwa löst
winterin haffde älwena fröst
at man matte hona bade ridha oc ga
3355 the Nordmen giordo ena reso tha
Ok haffdo en riddare wtsänt
honom war illa ather wänt
han haffde mykit folk mz sik
Tha took hertugh Erik
3360 ok wiiste moot honom herra biärna
han kunne wäghin ok giordit oc gerna
konungin haffde ok han fordriwit
tho war hans nampn i pariis scriwit
at han war en mester i bokaliist
3365 j then reyso halp honom crist
Swa at the möttos wnder en liid
wiid eth bergh en morgons tiid
konungsins riddare wart ther saar
swa at han haffde yffrit alt thz aar
3370 Normennene tapadho ther sigher
än tho the reysa war ey digher
Tha war hon them skadelik
the nordmen gaffwo swa illa sik
at härin wände alder ather
3375 tha man seer at illa later
tha flyr man gerna ok wägher skadha
swa timar thz offta manga stadha
Then tiid foghotin thz fraa
at han kunne ey hielp aff them faa
3380 Tha gaff han hwsit som hertugen badh
tha satte hertogin i hans stadh

en ridda*r*e aff tydisland
hono*m* satte han konu*n*gälle i hand

Hе*r*ra Tord vnge reedh swa bort
3385 then we*n* wegh ha*n* gaat til konungin sport
Ok sagde hono*m* iak hau*er* husit giwit
ther hau*er* mik nöd oc twa*n*g til driwet
wil he*r*toghin dagtinga med jd*er*
thz er thz iak ider rader ok bider
3390 Jak wille ati haffdin seet ha*n*s makt
ther ha*n* haffde husit *m*z belakt
ha*n* ligg*er* i ku*n*gällom än
ok haffu*er* mang twsend goda mä*n*
ok skal hans vili til fulla gaa
3395 ok skulu*m* wy ey dagtingan faa
ha*n* bre*n*ner wikena alla i röth*er*
swa at Norge fang*er* tess seent böt*er*
Konu*n*gen swarade Jak wil thz göra
wil ha*n* myno radhe höra
71 3400 oss skulle fulwel sämya badho*m*
ha*n* sätt*er* wtlenzska *m*anna ra*d*ho*m*
a mä*d*ha*n* ha*n* wil the*m* lydha oc sätta
hono*m* skal aldregh skorta trätta
Tha kom he*r*tugh Erike budh
3405 at konu*n*gin wille haffua grudh
komo tha sa*m*an ok taladhis wiidh
Tha war ok likare til friidh
Ok lotot tha i dagh standa
ok fridh skulle wara mello*m* landa
3410 thz giorde gudh som bezst formatte
Vm soma*r*en tha wordo the satte

wm fastogangh tha war thetta
at the taladho til sätta
Hertogh Erik reedh tha heem
3415 ok loot kunnogha allom them
warit hade i hans här
antingia annan stadh eller thär
at han skulle them ärlika beredha
ther epter vm pascha skedhe
3420 The skullo then winter qwarre wara
Oc ey wt aff rikit fara
Ok giffwin ider alle godha tröst
jder panter warder fulwäl löst

  Vm paschane giorde han eth hoff
3425 i lödesom mz mykit loff
han aff mangom manne fiik
fore then tokt han ther begik
han giorde manga riddara aff them
ok sende them wäl til landa heem
3430 med gul ok sölffuer ok dyra kläder
thz er thz gotz man wäl städer
thz man giffuer en dugande man
them som thz forskylla kan
The gyrende wordo ther alle rike
3435 seent tha födhis hans like
tess milla hertugh Erik
ther swa mykla dygd hauer mz sik
Sidhan foor han til stens öö
Ok konungen gaff honom sina möö
3440 ok wordo ther satte mz helom hugh
ok drogh sidhan engen wid annan strwgh

Tesse konungs ryke try
drogho tha all wäll ower eno for thy
at storm ok stridh them fortröth
3445 som gud i thera hierta skööt
at the loto fara awund ok niidh
ok älskado tokt ok godhan sidh
Torney oc danz thz war tha wakt
ok awund ok nidh war nidher lakt
3450 Vm mikelsmesso tha näst waar
tha timade thz til rätta baar
konung birger kom tha jn
ok loth sik nöghia wel at thz sin
at tridiwngen aff konungs rikit
3455 som thz förra war forlikit
vm somaren ther epter kom
mangin stolt hälade from
med honom til gotlandz foor
for thy at hans skat war ey swa stor
3460 som han wille at the skullo giwa
the sagdo then stwnd wy liwa
kantu ey meer aff oss faa
än wy ärom wane wnder gaa
Han loot sith folk ther ganga i land
3465 siälffuer war han ther mz i bland
Ok bönder haffdo sik wänlika skikkat
ok haffdo sith baner wp stikkat
rät som the men sik willo wärya
Jak hörde wisa men thz swärya
3470 at han haffde them ey annat wita
vtan han wille ey ther at lita

72

then skat the gawo aff gamblo ee
han budho the honom han sagde nee
han wille them mera leggia vpa
3475 ok ther willo the ey wnder gaa
The hoffmen fortröt tha at bidha
ok willo heller med them stridha
bönder fingo ther öffre hand
swa at konungin rymde tha thz land
3480 Ok flydde til skipa ather i geen
then foor illa som tha war seen
herra benkt pederson bleff ther dödh
gud frelse hans siäl aff alle nödh
pedher benktzson ok andre flere
3485 ok konungsins skat ward ey tess mere
konungin foor tha ather heem
ok fik ey mere skat aff them

    KOnungin aff norige redde tha til
en kost som then man gerna wil
3490 sina wini well wntfaa
ok loot hertogana thz forstaa
at han wille thera bröllöp göra
thz totte them wara got at höra
The wordo ther aff glade ok blidhe
3495 Dyr klede ok dyr smide
lotho the tha skära ok göra
som the willo mz sik föra
ok kläddo thera riddara alla aff ny
mz tw par klede oc soma mz try
3500 ok lotho thera örss beslaa

the haffdo en langan wägh at gaa
Om mikelsmesso komo the thär
hwo som weyt hwar oslo är

73

Ther war thera bröllöp reeth
3505 the wänasta jomfrw man haffuer seet
waro ther twa konungs dötter
en man war aldreg swa illa grötter
at hans hierta matte ey lee
swa waro the wäna a at see
3510 hertogh erik then milde
han fik the han haffwa wilde
The konungsins broder dotter war
henne fik hertogh waldemar
Ther war frögd ok mykin gläde
3515 the gärande fingo ther dyr kläde
örss ok gangara i gode liit
rikare foro the thädhan än tiit
Ther war dust ok behordh
danz ok leek ok fagher ordh
3520 gläde ä hwart man sik wände
then gud ther them the gläde sände
han gläde them nw j hymmerik
wallemar ok hertogh Erik

Ther epter vm pingisdagha
3525 tha loot hertogin hugga ok dragha
tymber til at göra en saal
ware han fore peninga faal
han ware twsenda mark wärdh
lenge stodh han jnnan gärdh

3530 Tha waro ther mange tymber men
Aff allom them tha war en then
mestare haffde fore them warit
swa wiit jak haffuer om landen farit
jak saa än aldrigh annan slik
3535 swa war han stoor ok höwelik
Then tidh han war alder redha
tha loot man han jnnan bredha
med klede ok medh baldakin
Jak vnste thz han ware myn
3540 then första tyma iak han saa
fram mz then sall ther flöt en aa
wiid eth bergh vpa en släth
man haffde wäggiana alla klät
mz päll ok medh sindall
3545 a källara war ther full got wall
man haffde ther a markenne grawit
the älwin flöt wt i hawit
man förde tiith aff alla landa
wiin ok miodh ok alla handa
3550 tingh ther man torffte wiidh
lagde man ther wiidh salin nidh
ädlare kost haffuer iak ey seet
än the försto haffdo ther reet

KOnungin aff Norighe han took tha
3555 the wenasta skip han kunne faa
Ok redde them höwelika till
swa som then man ther gerna wil
sinom winom hedher wetha

Jak tror at man skulle widha leeta
3560 fför än man saghe en wänare skara
än man saa tha til oslo fara
aff snäkkior ok karwa oc löpe skutor
hwar slik en flook i hawit rwter
Tha er han höwelik a at see
3565 til swerigis tha willo thee
Them frwom war tha följt til strand
ok konungin took i thera hand
som ther war i landit sidh
Ok badh them fara i gudz fridh
3570 Drotningen giorde ok thz samma
andra frwor ok henna amma
henne gaff hon godha gawa
tholik klenat hon wille hawa
Ther war mykin quinno grat
3575 then daghin the skildos aat
Varfrw dagh the komo thär
then öwermeer om höstin är
Ok lagdo til landz i then aa
ther the sagho salin staa
3580 ther war aff gärande mykit bangh
aff örss rwsk ok mykit trangh
Ther war tha howat aff mykin makt
ok mykin win war ther a laakt
a kost ok a werdelikheth
3585 Sidhan pipara gäranda theet
waro tith kompne aff marghom landom
Man gaff them gotz mz badhum handom
kläder ok örss gaff man them

swa at the foro alle rike heem
3590 Then riddare hertoghins diisk baar
eth höwelikit örss ok klede eth par
gaff man bort mz första rät
ok swa the riddara alla slät
thera diisk haffde ok thera kaar
3595 mangin höwelik dust ther waar
Ok marger riddare war ther gör
then morghon for then sals dör
Twe grewa sönir aff tytzskaland
the wordo riddara aff hertogans hand
3600 Then marskalk war ok foder gaff
han haffde aff lödukt sölff en staff
Tha gaff han ey foder vtan swa
han loot then staff ther jnnan staa
loot hwan taka som han wille
3605 swa badh hertogh erik then mille
Thaghar thz foder ey lenger waan
tha gaff han then staff en gärande man
ther war goder rätter ok starker friidh
man fik ther hwat man torffte wiidh
3610 wiin ok miodh war ther ospart
widh hwario menniskio ther war
Swa at engin kerde at honom war faat
wtan wäderith thz war ilt ok waat
Ther man gik förra med lagha skoo
3615 ther torffte man tha ower ena broo
owan opit war thz hwss
A en bielka stodho liwss
The brwnno wp gönom salin saa

75

at man them wäl en milo saa
3620 ffyra dagha stodh thz hooff
tha toko the herra orloff
Hwar reedh tingat honom war til radha
ok hertogane bliwo ther qwarre bade

HErtogh waldemar reed til Calmara
3625 Ok hertogh Erik wille wara
j agnatorpe then jwl
ödnolagh krypa ok stundom i skiwl
ok latha sik ey all jämlika see
huat ther epter skulle skee
3630 Ther wiisto the ganzska litit vtaff
vtan then thz radith först vt gaff
han wari fordömpder nw ok ää
med iudasse ok sälla thee
ther nidre sithia i heluitis poth
3635 ok ä haffua ilt ok aldregh goth
Hertogh wallemar han reedh
en reso mangom manne er leedh
han wille wider konungen tala
ther matte han haffua enga dwala
3640 Vtan reedh til nyköpung tha
laste thz gud at han thz saa
haffde han thz förra wiist
han haffde hans talan häller mist
hwar man honom ther wäl wntfik
3645 ok konungin wt moth honom gik
Ok fangnade honom mz blid antswar
gud weyt huat i hans hierta war

Ok drotningen sammaleed thz samma sin
hon sagde welkomen broder myn
3650 huro mwn myn annar broder magha
han komber aldrigh aff myn hogha
Then mille hertogh Erik
thz han wil swa fly mik
thz gör mik synderligha wee
3655 at jak skal han swa siällan see
gud weyt thz wäll at iak hauer han kär
som then myn kötlögh broder är
Hertogin laa ther qwar then nat
war hans folke nokot faat
3660 hwa eth kraffde han fik tw
tha böryadis thz the röna nw
miöd ok wiin bade röt ok hwit
thz aktade man ther halla liit
Thz gaff man hördrengiom ok fantom
3665 ok hwan then man mz honom tith kom
mz blidh ordh ok fagher laat
Om morghonen tha skildos the aat
hertogh wallemar reedh boort
til stokholm haffdho the wäghin sport
3670 Och til dawö thädhan
konungin sende ok breff mädhan
a mot hertogh Erik
ok badh han koma til sik

Thär funnos the bröder bade
3675 Tha sporde hertogh erik at radhe
sin broder hertogh wallemar

vm han i nyköpung waar
Rader tw oss tith at ridha
wiliom wy ey annan stad heller bidha
3680 första budh han aff oss faar
mik hopes han komber wel til war
Hertogh wallemar swarade tha
ther tenken aldrigh en tid aa
Then hugh torffwen i ey haffwa
3685 at ider skal vm konungin jäwa
han haffuer sin hwgh alt wänt om kring
ok menar oss mz all godh tingh
Ok hawer oss liwff ok kär
swa totte mik tha jak war thär
3690 Tha sagde hertogh Erik
broder myn hwat sigher tw mik
weyst tw hwat them komber i hogha
drotningenne ok brwnkogha
tw weyst wäl hwat han hauer sakt
3695 om han haffde ther til makt
Tha wille han oss ekke wäll
ä huro slät han for oss thäll
Än tho at han giter oss enkte giort
tha haffua tho summe men aff honom sport
3700 Han swarade broder war tess wiss
the göra eller radha oss aldreg miss
gönom stokholm tha ridhu the
gud laste at thz skulle skee
at the komo nyköpung swa när
3705 osyniom komo the tha thär
Taghar the tit til swerto ridho

ok the a hender nyköpung lidhu
Tha reedh en vnger riddare till
hertogans ok sagde jak wil
3710 jder warna warin mik ey oblide
swa som ider skal rönas vm sidhe
at ridhin i bade i husit sänder
thz skal ider angra ok alla idra frender
hertoghin swarade ekke meer
3715 thz hengia än summe men för än thz skeer
jak hörer thz yffrit alla dagha
at man wil ilt mellon oss dragha
Tha reedh then riddare bort ok tagde
ok angrade at han honom thz sagde
3720 Ok wille tha häller hawa tighat   77
the willo ther hawa qwarre lighat
Tha haffde man kostin thädhan fört
ok til nyköpung swa hawer iak hört
Tha komo ther konungsins men ridhande
3725 ok sagdo hertoghomen tidhande
swa som konungin haffde them sagt
mz helom wilia ok söthe akt
at j årin gudi wel kompne ok honom
han glädz at han weyt ider i wanom
3730 Ok stundar ok waktar epter jdher
thz er thz han ider gerna bidher
at i liggin hwargen vtan thär
medhan stadin er ider swa när
Ok lathin idher thess bäther lidha
3735 j haffuen ey vtan ena milo at ridha
hertoghen giorde som han badh

ok ridhu fram i then stadh
Ok haffdo ther a enga akt
huat hin riddaren haffde them sakt
3740 at konungen wille them forradha
ok gingo a hender husith badhe

KOnungin gik them wt i moot
awi at han thz ey häller loot
Ok haffde portin fore them lukt
3745 thz ware honom halwo mynne otukt
Han took sina bröder badha i hender
ok gingo jn i husith alle i sänder
Ok fangnade them mz fager laat
thera hierta skilde mykit aat
3750 hans hierta haffde en ondan grwnd
som vsal war han alla stwnd
at han skulle sina bröder swika
swa fulelika ok swa hadelika
Drotzetin sagde myn herra wil
3755 mädhan ey ära herberge til
at the riddara liggin alle i by
thz radh giordo the for thy
at the willo koma thera vilia fram
synd ok last skadba ok skaam
3760 begingo the mz thz radh
omannelika mz engin daadh
taghar the herra gingo til bord
mykin thienist ok fager ord
war tha yffrit fore them lakt
3765 thz giter engin twnga sakt

thera ödmiwkt mz falske liist
the haffdo som iudas wider crist

Jak hörde for pascha at man laas
i scriptenne aff iudas
3770 at han swek van herra i tro
thy skal han i heluite boo
ok haffua ewynnelika wee
swa skulo ok alle the
ther oärlika myrda ok forradha
3775 j then pyna ther aldreg komber nade   78
The mogha sarlika jäwa om sik
som forraddo hertogh Erik
Miödh ok wiin ther ekke tröt
fagher ordh wän ok sööt
3780 man sigher at man aldregh saa
drotningena swa gladha som tha
henne war engin gläde faat
thz war langt vpa the naat
Tha gingo the hertogane at soffwa
3785 thz magha flere lasta än loffwa
the riddara gingo jnnan then stadh
som konungin wille ok drotzetin badh
Alle hertoghins men bade riddara oc swena
portanerane wordho ey sene
3790 brwnka stodh ther siälffuer widh
mädhan the gingo alle nidh
Här taghar epter nest
taghar the haffdo portin leest
Tha drogho the thera tygh vpa

3795 Oc gingo for konungin staa
Ok struko thera armbörst i .
the skyttor ok thera kompani
Tha wiiste konungen wt
ok badh sik kalla herra knwt
3800 Then tidh herra knwt han kom
tha wände konungin sik om
Ok sagde til herra knwt swa
wilin i mik hielpa myna bröder at faa
Herra knut swarade tessa leedh
3805 herra i skulin ey wardha vredh
ganger ider siälffwom nakot vpa
thz wil jak werya ä mädhan iak ma
Thetta malit er mik nyt
jak weyt ey huro i hawin thz byt
3810 jak hörde här aldreg förra aff
hwa ider thetta radith gaff
han hauer ider radith mykla wro
Hwat wilin i swika idra bröder i tro
The era hiit kompne a ider ordh
3815 i maghin a them beganga eet mord
haffwer diäfflen ider swa wilt
jak tror thz warder ider siälffwom ilt
ther warde om vreder hwo som wil
aldregh hielper iak ther til
3820 vm tw atte aldreg skiilt wid them
ok waro the kompne til thin hem
Thu skulle ey haffua swa fula akt
tha han haffde thetta sakt
Tha wart konungin honom vredher

3825 tw wilt ekke wita myn hedher
Tik warder til heder huat tik ma
engen kanttw här aff faa
gör tw thz thz er myn waan
thin heder warder mynne hädhan fran
3830 Ok här mz gik han bort fra them   79
fore mik skulo the wara mz nadhom.
Twa andre riddara sagdo ok swa
i maghin ey last a them begaa
Ok then skam i aldreg forwynna
3835 i maghin ider bäter besynna
Ok leggia slikan darskap nidh
huilkin herra thz hauer til sidh
at han winsämio radh forsmar
thz ma wel skee at honom misgar
3840 Tha took han swa at vredhas widh
at han lagde them badha i tornit nidh

The toko tha liws ok gingo thädhan
hertogane soffwo bade mädhan
Ok lagho i thera sängh nakne
3845 ther wider wordho the wakne
at dörren osakta wp gik
hertogh wallemar han fik
en kiortil ok kom ther i
tha waro the inne meer än tii
3850 Ok haffdo thera swerd dragith
Summi willo han huggit ok summi slagith
Colrat isar war honom nest
i honom fik han handfäst

Ok hoff han nider wnder sik
3855 Ok sagde broder hielp nw mik
Tha lupo the meer än tiwgho vpa han
summe willo stingan ok summe slan
Hertogh Erik sagde lat wara som er
war stridh dugher ekke nw här
3860 The skullo sik ther fangna giwa
swa frampt the willo lenger liffua
Ther kom konungin gangande nidher
styrnade öghom hardla vreder
Mynnes jder nakot aff hatwna leek
3865 fulgörla mynnes han mik
Thenne er ey bätre än hin
j wardhin nw följia mik om sin
The bundo tha beggis thera hender
ok leddo them tha badha sender
3870 jnnan tornit barfötta
en tyzsk heyt walram skytta
han lagde boyor at thera been
thz war konungenom inthet i geen

Swa som daghin took at gry
3875 tha gik brwnka i then by
Ok med honom wlff gerleffs broder
aller wämpter ok hosin skoder
mange swena mz wapn ok skytta
ok skullo göra konungsins nytta
3880 mz stoor blws at the sagho
huar som hertogans men lagho
Ok toko them alla til fanga

ok loto them alla vpa husit ganga

Ok satto swenana alla i en stook

3885 en digher rota en starkan flook

wel tiwgho innan een radh

man giorde som konungin badh

Summa gaff man dagh at fara

ok hwargens a konungsins skada wara

3890 Ok koma ather in som the haffdo sakt

vpa then dagh man haffde them lakt

Riddara lagdos i tornit nidh

en riddare heyt herra Aruidh

Han wiiste ther aff ekke för

3895 än the brwto wp hans dör

han wille haffua ena weryo gripith

ok haffde sik allan redho skipat

Som han wille sik hawa wart

the haffdo sik alle wäpnat hart

3900 Tha the kunno han ekke faa

tha lagde en skytta en piil vpa

ok sköt han taghar hierta skut

aat brystet in ok at hiertat wth

Then dande riddare bleff ther dödh

3905 gud giffue hans siäl hymmerikis ödh

Sidhan gingo the alle til at byta

hesta ok hawo mondo ey tryta

The sattos alle i en ryngh

ok bytto margh ärligh tingh

3910 Jak tror at the willo ey glöma

hertoganna fatabur ok thera söma

Taghar thetta stöwit war alt änt
ok them haffde al thera gläde hänt
Tha slo konungin synom handom saman
3915 ok loo fastelika ok giorde sik gaman
rät som han ware en amblodhe
then sik enkte got forstodhe
min drotzete signe then helge and
nw hauer iak swerighe i mynne hand
3920 Tha swarade en riddere het herra knut
Jak tror tik brister alt annat wt
en riddare het cristiern skärbek
konungin giorde sik siälff til gäk
ok sätte offmykit hans radhe
3925 thz gullo hans bröder badhe
Then riddare war aff eestland
konungin fik honom sina bröder i hand
at han them illa skulle plägha
mädhan han reed andra wägha
3930 Drotningen ok brwnkogha the try
the diktado mangt ond radh aff ny
haffde konungin ey them sät swa mykit
han haffde sina bröder ey swa swikit

Tha wart konungin swa til radha
3935 at han took sina bröder badha
81 Ok loot them jnnan thz nidarsta rwm
ther war konungenom litit wm
at the haffdo ilt bade nat ok dagh
then stook han fik mangt eth slagh
3940 ther hertugh erik jnnan saat

ok gaffwo honom ther til litin maat
Ther saat hwar thera i sin stook
en stor welloger breder blook
än som han i stokkin laa
3945 tha haffde huar thera ena boyo vpa
hon war twngh ok ekke godh
swa at hwar thera siw liuspund woogh
Thera hender waro nägelda a stokkin fram
thera pina war ill ok owarkwnsam
3950 wm nokor menniskia haffdit seet
thz ware wäl enom hedningia leet
hertogh eriks stook slo man swa fast
at ther eth stykke wt aff brast
Ok took hertoghin widh sith ögha
3955 Awi then last ok then ofögha
the begingo a honom thz sin
blodit flöt nidh ath hans kin
Ok swa nidh vthi hans barm
awi then kwmber ok then harm
3960 the tha a sik sielffue sagho
ok swa jammerlika lagho
fangne jnnan dötzsins bandom
then död them stodh tha for handom
han war ey bätre a ath gaa
3965 än the pina the tholdo tha
Thera halsiern waro thiok oc breed
ok slaghin i mwrin samwleedh
Som the skullo sithia ther ä oc ä
thz lyste konungenom wäl ath see
3970 Thera pina ok thera nödh

han war orädder wm thera dödh
Thz torn thz stod vpa en steen
en pööl ful mykit oreen
mällan thera beggia laa
3975 then gud som alt forma
giffue them hymmerikis ära
for then pino the tholdo thäre

Tha hertoginnan the tidande fik
at them första swa misgik
3980 Tha rymde hon a skara hwss
ok henne son joncker magnus
Tha hertugans men the thz fragho
at hertugane fangne lagho
herra karl aff kalmara
3985 han loth budh vm landin fara
Ok sampnade smalänningia
ok herra karl birgerson wplenningia
Ok herra matius vesgöta
ok haffdo hugt konungenom at möta
82 3990 Ok komo vm sidhe alle saman
tha gik konungenom aff gaman

KOnungen böryade sina färdh
ok loot a biwdha gengerd
Ok sagde at han skulle fara
3995 til stokholm ok kalmara
Ok landit skulle alt wndergaa
han miste thz han kunne ey faa
Til stokholm han tha reedh

honom gik ther ey a leedh
Ther man fore honom brona wp want
the byamen sagdo honom yffrit sant
ok foghotin vpa husith war
Konungin han beddis antswar
wm the willo honom husit faa
ok stadhin vnder husit laa
The sagdo at the willo thz gerna lata
the borgara vpa husit satha
Ok the köpmen i stadhin bodho
the wämpto sik ok hosin skodho
Ok willo konungenom bestaa
ok willo han bort fra stadhin sla
Ok gingo wt a Norra malm
Spiwt ok swerd ok mangen palm
the wt aff stadhin mz sik baro
ok tiith som konungsins men waro
ok böryade med them eth kiiff
ther miste Jönis olafson sith liiff
konungen rymde tha wp ok thädhan
ok hertoghans men sampnados mädhan
ok rymde tha til nyköpung ather
nw pröwar jak at illa lather
Härtoghans makt er mik affstark
ok sende tha bud til danmark
Ok beddis aff konungenom folk oc tröst
thz sylffuer skulle wel warda löst
Ok badh sin son fara til landa
ok wynna rikit sik til handa
konung Erik war hans moderbroder

thy war han honom huller ok goder

4030 sex hundrad örss fik han honom medh

tha satte han wisingxöö til wädh

ok aff smalandom en digher deel

thz hörde swerikis rike thel

raske hälade ok oblyghe

4035 mz godh örss ok godh tyghe

fölgdo then joncherra aff stadh

ok giordo gerna huat han badh

Herra martin duwa war thera forman

han weyt huro mykit han ther wan

4040 The hugdo alt swerige wynna

the wändo ather ok fingo mynna

Sidhan wart nyköpung belakt

83 thz giorde konungenom osakt

Then tidh konungen thz saa

4045 tha gik han vpa tornit staa

ok tenkte vpa sina otukt

som han haffde förra hugt

med owisa manna radhe

än tho at man han litit badhe

4050 man torffte ey lenge lukkan till

them er sköt radith ther illa wil

Tha läste han tornit ful fast

ok giorde sik siälffwm mykin last

ok kastade nykelin wt i the aa

4055 swa at han wart ey goder ather faa

Til stekaborgh han tha foor

then gud ther i hymmerike boor

bätre hwariom sin skadha han fik
ok hempnis thz han a them begik

4060   Tha liiffde hertogh Erik
nyo dagha swa sagde man mik
vtan drik ok vtan math
thz war wnder at han swa gaat
Ok allowo dagha hertogh waldemar
4065 Jak tror at thz for then skuld war
at hertugh eriks pyna war mere
thy wordo hans dagha ekke flere
Tessalund swälte han them i häll
thz sighia faa men at han giorde well
4070 war herra giffue them hymmerik
fore then harda dödh the tholdo a sik

Jonkher magnus han tha kom
ok med honom mangt eth hälad from
huar han laa mz sin här om nat
4075 man fik honom thz honom war faat
han wille ey brenna ok ey röwa
han wille heller förra pröwa
om han matte hertogans men forwynna
han wille nöduger landit mynna
4080 Konungin a moth them reedh
i östra götland langa leedh
then tiid han them mötte
waro thera hesta trötte
tha loth han them andra faa
4085 ok lagde mykin skat vpa

swa mykin honom wart til radha
tha haffdo bönder litla nadhe
ä hwar the foro tha badho the
at the skullo hertogens men see
4090 war herra wette them thera bön
som the sielffue toko a röön
hertogens men komo tha farende
openbarlika ok ey owarande
ok willo gerna med honom stridha
4095 tha flydde konungen ok thorde ey bidha
84 thetta war wid skärkind
war han tydisk älla wind
Tha rände huar en annan nid
ok flydde swa bort om holawid
4100 Ok swa in i westergötland
huru them gik ther i hand
thz warder här genstan sakt
bönder sampnado sina makt
Ok lagdo sik nider i karlaby
4105 ok haffdo ey hugt ath fly
hoffmennene waro ther vffaa
then tid konungin thz saa
Tha took han dagh til tridie dagh
tha foro the bönder huar sin wagh
4110 at hänta foder ok summi maat
ok skildos en deel mykit aat
The bönder som quarre lagho
ena stund the vm sik sagho
Tha sagho the at konungsins baner kom
4115 ther lotho the storlika illa om

at bönderne waro ey alle thär
wy seem at konungin komber här
Oc skaradho sik saman alle tha
the hoffmen drogho thera tygh vpa
4120 Ok waro främst i then spetz
then dagh konungin haffde betz
wille man tha ekke halla
Jak tror at thz monde walla
at haffde konungen lenger biit
4125 ok haffde ey tha mz them striit
tha haffdo bönderne wordit flere
ok thera här haffde wordit mere
The komo saman ok striddo fast
nattin kom ok daghin brast
4130 Tha satto the eld i then by
thz giorde konungin for thy
at hans folk skulle tess bätre see
the salughe bönder tha tapado the
The hoffmen the ther waro
4135 wordo ther fangne ok summi sara
Ok bönder bliffwo ther mange dödhe
ok foro hem med krono rödhe
En vnger riddare het herra boo
gud giffue hans siäll nade ok roo
4140 han took thz i dagh mellom them
ok sidhan foro bönderne heem
konung birger war ekke seen
ok foor thz sama ather i geen
Ok lagde sith folk i köpstada nid
4145 ok wente sik tha godhan fridh

85 Thaghar hertogans men thz fragho
    the for nyköpunge lagho
    at striden haffde warith
    ok bönderne haffdo swa illa farit
4150 Tha edde them thz allom illa
    thetta skedde en aptan sirla
    at bönder skullo kost föra
    slikt som the plågado wt at göra
    tiit som hertogans men lagho
4155 taghar konungsins men thz sagho
    Tha toko the kostin bort aff them
    oc wisto them slappe ather heem

    Tha hoff sik ather wp eth kiiff
    thz kostade summa men gotz oc liiff
4160 Herra knut porsse kom tha thär
    the wisto ey at han war swa när
    han stridde ther med rät mandom
    the matto heller hawa warit i room
    summi men swa langan tiid
4165 vm sidher tha forgik then strid
    konungsins men the haffdo tapat
    then bleff ther döder som thz war skapat
    The fingo them ther alla flesta
    ok bytto thera haffwor ok thera hästa
4170 thaghar the andro the tidhande fragho
    i lincöpunge ok skeninge lagho
    Tha bruto the wp ok foro til landa
    ok konungen sath ather i wanda

Ståkaborgh belagdis tha
4175 konungen ok drotningen mereta
rymdo tha til wiisby
Jak tror wel at the giordot for thy
at the willo ey koma i thera klo
the herra än i Swerige boo
4180 The waro ather a thz hwss
Jonkherra magnus ok herra benedictus
ok med them mange riddara oc swena
ä mädhan the haffdo skot ok stena
the skiptot mz them ther fore lagho
4185 swa som the rönto ok the sagho
mange fingo ther mykin skadha
som än timar manga stadha
huar man stormar nat ok dagh
jak tror at ther giffs wt mangt eth slagh

4190   Tha loth konungin skip til redha
kogga stora ok butzor bredha
Ok skipade ther aa kost ok men
ok yffridh wapn ok hopadis än
at han skulle husena föra maat
4195 ok gita ther folk wpkomit aat
Taghar the komo i göta skär
jamsköt komo hertugans men thär
ok loto genstan til thera staa
Ok fingo hwart barn ther war aa
4200 Ok bytto skip kost ok kläde
thz war konungenom liten gläde
mange tydeske waro ther medh

86

the haffdo fulner sath til wädh
hoffwodit til pant huart kroppin fore
4205 nw willo the heller at the swore
at the skullo fara hem til landa
ok koma sidhan aldreg i then wanda
ath koma til swerigis ather i geen
jak tror thz swor sik a nokor meen

4210   Tha fik konungin thz at wita
rödh bleek ok manga lita
fik drotningen .tha hon thz fraa
wil gud oss swa latha misgaa
huat skulom wy tha til radha taka
4215 Drotzetin sagde oss skal ey saaka
jak wil nw sielffuer ena reso fara
ok skal iak them swa litit spara
som the haffua spart oss här til
konungin sagde mädhan drotzetin wil
4220 wagha sith liiff fore war heder
alle the men war skadha er ledher
The skule alle medh honom fara
swa at her skula faa hemma wara
The toko skip hwar the kunno faa
4225 heller större skip än smaa
Ok loot them planka wel om kring
ok skipa swa ther in thera tingh
Som the skullo en kamp bestaa
vynna eller tappa huat heller maa
4230 Then tid the komo thär
a händer husit i göta skär

tha komo hertogans men ther i stadh
jak tror the stodho ok ther eth badh
ther hoff sik tha en digher ofridh
4235 the giordo en flota aff thörran wiid
Ok lotho swa wp a skipin flyta
skot ok steen monde ther ey tryta
The wardho sik å mådhan stenen wan
ok å til tess at koggen bran
4240 Thre kogga brwnno alle i sånder
tha gingo the hertogans mannom a hender
Ok wordo tha fangne alle en riidh
them dugde ey lenger thera stridh
brwnkogha ok wlff gerleffs broder
4245 ok lydher fooss en håladh goder
Ok en skytta heet walram
the geesto tha ena andra hampn
Stokholms torn thz skiwtasta the gato
å mådhan the ther innan satho
4250 man gaff them maat ok plegado them wål
ekke swålte man them i håll

Vin midsomar tha skulle wara
et mykit hoff jnnan skara
Ther kom rikit mesta deel   87
4255 Ok toko herra matius tell
drotzetara ok forman
Rikesins radh thz walde han
the systo ther ok annat slikt
som rikeno war torfftelikt
4260 Then tidh hoffwit thz forleedh

ok drotzetin thädhan reedh
Ok saa i landit hwat ther war tiit
rikit thz war yffrit wiit
The haffdo yffrit at sysla tha
4265 tho laa mykit örlogh aa

The a Nyköpunge waro
the toko hertoghana ok baro .
wt aff husith a enne baar
eth baldakin ther ower war
4270 Ok satto them vtan husit nidh
her maghin i herra kennas wiidh
at thetta ära idre retta herra
the ära dödhe thy är werra
Jak weyt ey hwar at i wilin traa
4275 j maghin ider andra herra faa
Ok latha konungin haffua sith rike
the swarado son warder gerna faders like
Hertugh eriks son han liffuer än
han er war herra wy ära hans men
4280 wy wiliom honom tiäna thz er war tarff
thz ma engin dräpa til arff
J stokholme loto the them begaa
i bya kirkionne badha twa

Thär epter vm warfrw dagh
4285 for angist ok blidha slagh
Tha war nyköpung giffuit
got folk rasth ok triffwit
haffde sik fore husit lakt

ok haffdo tessom lundom sakt
4290 vm the kunno thz bewara
The willo aldregh thâdhan fara
för ân thz husith laghe ödhe
ther thera herra bliffwo dödhe
Ok slogho then mwren allan swa sma
4295 at ther aldreg sten som annar laa
Ther stodh förra bade mwr ok tynna
ther kan man nw ey en sten at fynna

The a stekaborgh waro
the hiollo husit ân tho at hwaro
4300 at nyköpung thz war giffuit
the haffdo werk ther fore driffuit
Ok starka blidhor wp râth
Thz gik alt som the haffdo iât
The stormado bade dagh ok nat
4305 vm sidher war them koster faat
the ther vpa husit satho
thz war ilt ok litit thz the atho
The waro trötte ok illa sare
ok oste at joncherran ware
4310 then stad man kunne han ey fanga
â huro oss kunne sidhan ganga
man gör mankt then tid man trânger
ok han giter ey bidhat lenger
Ok sagho at thz war enwâghit
4315 ok gatho thz ey lenger drâghit
Tha daghtingado the langa stund
sidhan gawo the husit tessa lund

88

at joncherran skulde fangin wara
ok the skullo wt aff husit fara
4320 hwart the willo med thera hawo
Jak pröwar at the tha husit gawo
är thz leekman eller präst
tha er ä hwar sik siälffwm bezst
The slogho then mwr allan swa sma
4325 the lotho ey en sten ather staa
til stokholm förde the han
then vnga ädela man
Ok lotho han a stokholms torne gaa
ok lotho honom alla nade faa
4330 ther han torffte til sith liiff
Hans fader wlte honom thz kiiff
full wäl wente jak at the han födha
ekke swelto the han til dödha

Ther epter om sancti mikels tiid
4335 tha wart en stor wellogh strid
aff däni ok wplenzska män
jak tror at skanunga mynnes thz än
Däni tappado sigherin thär
skadhe han er opta när
4340 widh miolkalang swa heter en by
the wordo ther fangne ey willo fly
thry hundradha riddara ok swena
wordo ther fangne the jak mena
Däni ok tyzske i bland
4345 ok loffuado alle mz sampnada hand
at the skullo koma jn

then dagh man gaff them thz sin
vm ther kome ey för säth vti
swa at the wordo mz dagtingan frii
4350 Helsinga borgh ward tha belakt
aff wplenzskom mannom oc thera makt
Lund skanör ok malmöya
lotho sik tha gerna nöghia
at the komo thera sölff tha widh
4355 at the wordo ey brende i grundin nid
skanunga haffdo tha mykla vro
them gik tha aat vxe ok koo
hesta foder öll ok maat
huat the haffdo thz gik alt aat
4360 Ther war ey dighert mera till
ok folkit wille ok heem en dell
Tha foor drotzetin ather til landa
konung birger wlte them then wanda

Vm helgona messo komo the heem
4365 tha lät drotzetin skipa them
ok forwan them mz rikesins räth
til then dödh man haffde them iäth
Drotzetin brwnka ok walram
ok lydher fooss swa war hans nampn
4370 ok fierde wlffuer swalabek
hans ordh giordo han til en gäk
them satte man alla a eth radh
Jak wille at the satho samma stadh
om ther waro flere mz i radhe
4375 at hertogane wordo forradne bade

89

Tha konung birge thetta fraa
the tidhande ok drotning märita
Tha lotho the illa om thera dödh
nw första ärom wy komen i nödh
4380 til danmark tha skynde the sik
tha war han döder konung Erik
The beddos aff konung cristoffer nade
tha wart konungenom thz til radha
han länte them en gard widh skälsör
4385 thz er god gerning hwo tolkit gör
Ok tw härat lagho ther til
konung cristoffer sagde jak wil
thetta göra fore syzskene lagh
thz er sidhan mangen dagh
4390 syster at jak thz forstod
attw wast mik ill oc ekke godh
then gard han heet spikiborgh
hon fik sidhan en högre sorgh
hon fra at joncker magnus doo
4395 hon grät tha thz hon förra loo

Een dell war tha hertoganna hämpt
tha war eth hooff til stokholms nämpt
a ällowo tusend jomfrw dagh
tha willo the thz ey haffua fordragh
4400 man ledde joncherran vt aff tornit nid
then honom ledde han waraden wid
Ok badh han göra sin scriptamall
ok redha wäl for synne siall
Som iak hauer aff herrana hört

4405 tw giäller thz thin fader bröt
The lotho han storlika wel bega
mz alla the klerka the kunno faa
han offrade sielffuer oc badh til crist
medhan liffuit haffuer ey lenger friist
4410 Tha giff siälenne hymmerigis ödh
mädhan iak skäl thola swa hardan dödh
Jak faar ok nade vm gud wil
mädhan brutin ere ey mere till
Gud weet at thz war mik i mot
4415 at hertugh erik sith liiff swa loot
ok hans broder hertugh wallemar
man weet wäl at iak i danmark war
Ok wiiste ther halla litit aff
vtan thz radh myn fader mik gaff
4420 at jak skulle til swerigis fara
ok vpa idhan skadha wara
Nw skal iak dö huat nw for tho
gud giffue sielinne nade ok roo
pa then helgandz holma man han ledde
4425 ok eth täpette vnder bredde
Ther knäade han sik fagherlika aa
ther loot man hans hoffwod aff slaa
ok lagdo han sidhan a ena baar
eth baldekin til redho war
4430 ok lagdo a barena ouer hans liik
hans fader var en konung riik
The bezsto fyre herra ther waro
han thädhan ok til brödra baro
Ok lagdon i then samma graff

90

4435 ther gud hans faderfader gaff
Then milde konung magnus
the liggia bade i eth gudz hwss
ther barfotte bröder ower radha
eth höwelikt mönster mz gudz nada

4440   Vm midsomaren ther epter kom
mangin stoltz hälade froom
war tha sedher i wpland
ok marge bönder mz i bland
Fyre bönder skullo redho wara
4445 j hwart härat ok skullo fara
Ok möttos alle wid morating
thz bud foor rikit alt vm kring
The möttos ther a midsomars dagh
i godhom tyma ok godh lagh
4450 En riker herra en dughande man
han talade swa som then wäl kan
J arin gudi welkompne här
bönder ok hoffmen hwo här er
Wy haffwm hukt oss konung välia
4455 ok vilium her mz ey lenger dwälia
Jak hauer thz hört sakt allan myn aller
warder konunger a morasten walder
med alla landa vilia ok lagha
han skal varda goder i sina dagha
91 4460 Ok faar med folke godha häll
ok warder miller ok är säll
Ok giffuer bondom godhan frid
then konung torfftom wi wel wid

Gud giffue oss then sagdo the
4465 at rikeno matte glade aff ske
Drotzetin haffde konungin i sin fampn
han sagde wy hopom göra rikeno gangn
ok mykin froma fram a leed
swa at rikesins ära warder breed
4470 wy haffdom twa landzherra
the ära döde thy er werra
Slike som hertugh Erik war
ok hans broder hertugh wallemar
Them haffwm wy skadelika mist
4475 the wordo forradne mz falske liist
wy witom wel wara skadha män
wy haffwm thz hämpt ok skulom oc än
hata them alt huat wy gita
ä mädhan wi them liffuande wita
4480 Thz hauer konung birge giort
wi hawm han aff riket kört
Then lykka haffuer gud oss giwit
at wy haffua han aff rikit driwit
ffor then last han begik
4485 a sina bröder tha han them fik
wy haffua honom wnnit land oc borger aff
mz then hielp oss gud vnte ok gaff
Swa at han aldre skal ok aldre ma
optare wald i swerighe faa
4490 wy maghom ey lenger konung vmbära
gud giwi honom lycka helso ok ära
Then wy skulom i dagh til konung taka
thz wiliom wy göra for then saka

at riket skal ther hawa aff en tröst
4495 gud haue*r* nw sköt wan wanda löst
Swa at wy magho*m* liffua vta*n* kiiff
gud giwi hono*m* helso ok langt liiff
Ok läte ha*n* lenge m*z* oss liffwa
ther wy vilio*m* i dagh konung*s* nampn giwa
4500 Hoffme*n* ok bönder alle saman
öpto ok sagdho alle Amen
wil gud jnna*n* hymmerike
ha*n* m*a* wel varda faders like
Tha waldo the konung magnu*s*
4505 hertogh Eriks son swa sigher ma*n* oss
thz ha*n* ekke äldre waar
än tha vpa sith tridia aar
92 Herra*n*e gingo hono*m* alle a hand
ok lotho hono*m* wp bade borge*r* oc land
4510 ok wordo alle ther hans men
ok tiänto hono*m* som the göra oc än
Han war walder widh morasten
sidha*n* wändo bönderne ather i geen
Ok sagde huar for sino härade
4515 huilke me*n* sin he*r*ra swa ärade
The waro wärde godh löön
swa at thera barn skullo fanga tess röön
ha*n* finge aldreg ower swerighe wald
ware ey thera ärffwde swa margfald
4520 Ok thera mykla manheyt
som all c*ri*stendomen weyt
at the hämpdo thera herra swa
at all we*r*lden legger them taak vpa

KOnung hakon bleff ok tha döder
4525 fore konung erik waro twe bröder
war herra kallade them til sik
konung hakon ok konung Erik
Ok rikit thz stodh konunga löst
ok the haffdo enga andra tröst
4530 än a konung magnus som walder war
ok konungs nampn i swerike baar
Han haffde skylt wid konung hakon
swa när at han war hans dotterson
hans fader het hertugh erik then mille
4535 thz gik alt som war herra wille
Ok swerikis men the holpo til
thz skal a fram var herra wil
han wart konunger i Norighe
thz wille gud at thz skulle skee
4540 han er nw konunger ouer tw rike
faa crisne konunga liffua nw slike
Then ära han fik ok hauer än
thz wlte honom gud ok vplenzske men

—•o⊳o:o•—

Rättelser i texten

vid dess aftryckande ur handskriften A.

Vers.

4	thy *rättadt från* thz *enligt C. (början felar i B.)*			
28	mz *tillagdt af utgifvaren.*			
76	henne	*r. fr.*	henme	
89	bödh	»	loth	*enl. B. C.*
114	gudz	»	gudh	» »
118	haffde	»	haffdo	» »
207	swa	»	swe	» »
339	hörom	»	horom	» »
349	vpaboret	»	vpabaret	» »
377	aff	»	ok	» »
470	eller	»	Ther	» »
541	sudermanna	»	suderma	» »
561	hiolt	»	helzt	» »
»	oc	»	o	» »
567	ringstadha	»	ringst	» »
588	köpa *tillagdt enl. B.*			
691	sik	*r. fr.*	sin	» »
710	skaktawel	»	skaptawel	» »
785	swidhiod	»	swidhido *af utg.*	
786	*ett dubbelt* vtan *bortlemnadt.*			
800	hon	*r. fr.*	han	*enl. B.*
819	fortekkia	»	fortekkio	
884	aff	»	eth	*enl. B.*
908	rödh	»	rodh	» »
964	dagtinga	»	datinga	» »
1021	dagha	»	dragha	» »

Vers.

1030 han *tillagdt enl. B.*

1172 mangen *r. fr.* magen

1198 byriade » biryade

1234 birger » erike *af utg.*

1248 plågado » plagoda

1272 wáldogh *tillagdt af utg.*

1275 the *r. fr.* tha *(ett blad felar i B.)*

1334 Thz » Ther *enl. B.*

1354 wara » bliwa » »

1375 j hál tháss waro *r. fr.* j háluite warda *enl. B.*

1398 eth gylt leon » en gylt loghe » »

1416 gláde » glade » »

1455 án mang en » engen » »

1464 föra » styre » »

1485 tråskit » traskit » »

1488 the » ther » »

1516 komo » koma » »

1518 widher » nidher » »

1577 *hela versen upptagen ur B.*

1584 raskliga *r. fr.* rasliga

1666 *ett dubbelt han bortlemnadt.*

» jonker *r. fr.* jomker

1702 the *tillagdt af utg. (ett stycke af texten saknas i B.)*

1737 ofáfle *r. fr.* ofráfle *(B. har* oáfflá)

1833 the *tillagdt enl. B.*

1836 áldre *r. fr.* aldre

1888 ordh ok rödhom *r. fr.* órdh ok rodhom

1892 the *tillagdt af utg.*

1895 dagh *tillagdt enl. B.*

1954 han » » »

» mangen *r. fr.* magen

1956 Stokholme » Stolholme

Vers.

2028 Aranes *r. fr.* Tranes *hvaraf första bokstafven endast är med liten stil utmärkt för rubrikatorn, som skulle måla henne stor och röd, men icke gjort det, liksom oftast är fallet i denna handskrift. Månne Tranes skulle kunna vara ett äldre namn, det samma som i v. 648 heter träno näss?*

2124 koma *tillagdt enl. B.*

2151 the   *r. fr.* twe *enl. B.*

2159 tröste   »   trösta *enl. B.*

2216 dagtingan   »   datingan

2223 skipade   »   skapada

2258 a   »   aff *enl. B.*

2294 sönder   »   söndr

2473 dagtingan   »   datingan

2540 ther   »   then

2556 hon *tillagdt enl. B.*

2566 swidhiwdhe *r. fr.* swidhidhe *af utg. enl. rimmets fordran.*

2618 The   »   Tha *enl. B.*

2923 Normän   »   Norman

2925 norige *har ett förkortningstecken, som blifvit lemnadt utan afseende.*

2936 litin *r. fr.* litith *enl. B.*

2943 faat *tillagdt enl. B.*

2948 dödelike *synes ha varit skrifvet* dödelikin *och ändradt till* dödeliker

2950 Thz   *r. fr.* Ther   *enl. B.*

2968 skuld   »   skild   »   »

3001 gudh   »   gul   »   »

3050 kalffswnd »   skalffswnd »   »

3059 wnno *har ett förkortningstecken, som blifvit lemnadt utan afseende; likasd i v. 3281.*

Vers.

3064	at	*r. fr.*	han	*enl. B.*		
3071	skulle	»	skullo	»	»	
3140	Tha	»	The	»	»	
3261	liit	*tillagdt enl. B.*				
3264	jöneköpung	*r. fr.*	jönekopung			
3340	råd	*tillagdt efter en yngre hds.*				
3395	dagtingan	*r. fr.*	datingan			
3398	Konungen	»	Konungenom			
3435	födhis	»	föddis	*enl. B.*		
3467	stikkat	»	stiktat	»	»	
3502	komo	»	koma	»	»	
3542	en slåth	»	eth hwss	»	»	
3576	the	»	tha	»	»	
3626	agnatorpe	»	hagnatorpe	»	»	
3640,77	nyköpung	»	nykopung			
3719	han	*tillagdt enl. B.*				
3789	portanerane	*r. fr.*	portane	*enl. B.*		
3890	koma	»	komo	»	»	
3964	ey	*tillagdt enl. B.*				
3978	hertoginnan	*r. fr.*	hertogans men	*enl. B.*		
3981	joncker	»	jomker			
3992	fårdh	*tillagdt enl. B.*				
4020	rymde	*r. fr.*	rymdo			
4036	joncherra	»	jomherra			
4045	tha	»	thz	*enl. B.*		
4060	liiffde	»	haffde	»	»	
4075	*ett dubbelt* thz *utelemnadt.*					
4099	bort	*r. fr.*	bord	*enl. B.*		
4209	å	»	a	»	»	
4238	The	»	Tha	»	»	
4257	Rikesins	»	Rikensins	»	»	
4303	iåt	»	åt	»	»	

Vers.

4337	skanunga	*r. fr.*	skåninge *enl. B.*
4349	dagtingan	»	datingan » »
4367	iåth	»	åth » »
4400	nid *tillagdt enl. B.*		
4451	then	*r. fr.*	thn
4481	hawm	»	hawn
4516	The	»	Tha *enl. B.*
4519	swa	»	swar » »
4534	hans	»	han

FÖRÄNDRINGAR OCH TILLÄGG

I GAMLA KRÖNIKAN.

———————

**Ny början med tillägg om Erik heliges efter-
kommande, för att visa Karl Knutssons här-
stammande från honom; skrifven vid år 1452.**

(*Efter Lagerbrings handskrift, D.*)

Gudh fadher oc son oc then helge ande   1
beskerme swerike aff allan wande
Jomfru maria gudz modher reen
beware swerike fra alt meen
5 Thy bätre landh skal engen wetha
tho han alla werdlena letha
Ther är menliga then skönesta renheth
ther nagar man aff säghia weeth
bade mz hws ööl brödh oc math
10 oc bewisas gestom swa godh laath
Man skal ther mera för gudz skull faa
än j androm landom för peninga naa
Thz skola alle tygia thz frästa
ginom rikit fara oc almogan gästa
15 The torffwa ey hempta aff frömanda landa
til dryk eller föda nagra handa
korn fää smör och swin
haffwa the nogh heem til sin
Ther görs nogh silff bly iärn oc kopar
20 som föris vtländis j stora hopar
Graskin hermelin oc maardha
oc all skinwara som nagat warda

ffaller ther nogh alla handa
oc föris thedan i frömanda landa
25 Man findher ther böndher siällan boo
som ey haffua nogh aker ängh oc fiskasio
hwar hema för sin egen daar
vten then fisk vthaff haffuit faar
Ther födas oc the skönista hesta
30 store oc smaa the aller bestha
The haffua nogh bij oc allenskogh
alzskons wille brade nogh
aff hiort hindh älgh oc raa
oc aff alla the fugla man äta maa
35 Meer än j annor landh oc rike
Thy findher man hwargins swerikis like

Gudh haffwer swerike skapat swa
mz bergh skoga mwsa oc sioa
at wille swenske hwar androm tro wara
40 the torffte för wtlenska aldre faara
Och at them ther mz nögde
som them gudh til fögde
Oc beuisa hwar androm tro oc ära
o hwru säle matte the wära
45 Jac haffwer j manga böker leeth
oc opta sielff mz ögom seeth
tha findher iac at bade för och nw
Awndh oc gyri badhen thw
haffua swerike fördarffuat swa mangalundh
50 oc qwälia thz än j alla stwndh
a hwem som lyster ther vndher aff höra

tha wil jac ther aff redho göra
oc latha her äpter förstanda
ythermera swenska manna wanda
55 än för är j bokena giorth
aff hedna och cristna som j haffua sporth
Och böria aff en konung heth erik
han haffde alt swerike vndher sigh
hans fadher war konung erik knwtzson
60 oc sancte eriks sonason
konungh erik haffde systra tree   3
her knwt aff folkunga fik ena aff the
hon heth elin oc annar märetha
henne fik her niels aff toffta
65 han war en spaker rätwiis man
oc loth sigh at nöghe thz gud honom an
mz henne fik han her abiorn nielsson
aff honom föddis her wlff abiornsson
Aff wlffue föddis her karl j toffta
70 aff hwilkom mykit goth spordis opta
han war then betzsta boklerdh man
som man tha aff swenskom fan
j siw bokliga konster oc alla laga
oc lagman i vplandh j sina dagha
(*Här efter följa gamla textens v. 67, 68, 71—74,*
31—66 sålunda:)
75 Konung erik war nagat läspir widh
halta war och hans sidh
han hiolt hws ära oc ädla sidh
oc bondom hiolt han godan fridh
Aa alffwara kunne han sigh wel forstaa

80 oc mz torney ey mykit omgaa
han war wällogher öffwer rikit alt
hwat han giorde gaff och galt
som han giorde skulle thz staa
the ther moth melthe waro faa
85 vtan knwt oc hans fränder fler
karll haraldher oc holmger
thz war alt folkunga rothe
thy waro the konungen mest a mothe
oc sagde at knwt borde bäter konung wara
90 thy han war snillare j raadh oc swara
4   The stridde mz konungen och wnno sigher
*o. s. v. till och med v. 66 då v. 75 vidtager,
ändrad sålunda:*
Tha war ingeborgh the tridia konunges syster
*för att öfverensstämma med den ofvan, v. 61,
gjorda uppgiften om Eriks tre systrar.*

Läsarter, ändringar och tillägg.

88: 1 the atho saman twa dötter och fyrä söne
the waro all sysköne (*B C*)
eller The fingo saman fyre söne
och tw döötther the varo all syskene (*E F*)
*hvilka verser måhända tillhöra den gamla texten
och endast blifvit uteglömda i A.*
114: 1 fore thy them iäwade at the sagos aldre mer
aff thölkom skilnade tolkit sker (*B C*) *Endast
en fördubbling af 123, 124.*

156:1 Äpther gwdhz bördh xij° aar
    fåmptye pa kyndelsmässa dagh thz war (*F E G*)
    Detta och öfriga tillägg ur D E F G äro för-
        modligen gjorda vid år 1452.

177 och sporde hwo hans son haffde til konung takit

178 och sagde thessom led hwi wart ey helder iakit (*B C*)

199½ och leth sigh ther wel at nögha (*D E F G*)
    tillagd för att afhjelpa rimfelet, hvarjemte i 198
    swa *blifvit tillagdt för att rimma med 197. I*
    handskr. B C har man utelemnat 198, liksom ock
    200, 201 i D E F G.

251 swia *för* vesmanna lande (*B*) swidhöya (*D F*)
    swidhia (*G*)

316 brusto *för* bitu (*B*)   329 regla *för* ordin (*B*)

340 cristindom *för* scriptin (*B*)

387 ärendå *för* ewintyr (*B*)

400 siwnda *för* tiunda (*B C. Yngre hds. ha* tiugonde)

440 öninge *för* ymninge (*B C. Yngre hds. ha* Jöna-
    köpung)

522 äbbalundh *för* jälbolung (*B C*)

556 hwit *för* stolt (*B C*)

785 sudermanna landh *för* swidhiod (*B C.) De yngre*
    hds. ha swidia *och* swidöya)

823½ tha han striidde moth konungh waldemar (*en-*
    dast G och yngsta hds.)

862 niwdunge *för* Etake (*B C*)

1119:1 han stakken genstan nider til jordh
    them sampde tha wäl om thera ordh (*B C) hvar-*
        emot 1122—25 äro utelemnade (äfven i D &c.)

1246:1 Äpter gudz byrdh xij.° aar
    vppa thz nytiende thz war (*D &c.*)

1335:1 äpter gudz födzla xij:ᶜ aar
oppa tridia och nitiende thz böriat war (*D* &c.)

1412 loterdrank *för* kerssedrank (*B C* &c.)

1837 sietta *för* fämpta (*D F; B C ha* fämptande)

2095 han är thäs allä gernä owärdh (*B C*)

2117 och ey iach kan eller göra will (*B C*)

2248 thz huss heeth nyklaborgh then stad het kungella
(*G F*)

2736 ykna liwngha(*D*) yngna liwnga(*E*) ydnä liwngha(*F*)

2741 traffwa ööl (*D F*) tidzt ööl (*E*)

2831 himmil och iordh *för* honom (*B C*)

2880 sonnan *för* owan (*B C*)

2892 lägdhro *för* lergha (*B C*) läge (*D*) large (*E*)
baghe (*F*) largee (*G*)

2903 mz enom mäktoghom klobba här (*B C*)

2955 thry hundrad (*B C*)

3063 a wak the iämmirlike nödh (*B C*)
vale vak then &c. (*D E*) väll var thz &c. (*F G*)

3091 halssa *för* hälade (*B C D E F G* &c.)

3149 jwar *för* jönes (*B C*)

3170 hundrade riddare i hans tiänist war (*D E F* &c.)

3172 at hertoga ok landsherra (*E D*)
*är kanske den rätta läsarten, hvars 2 första ord
blifvit hopslagna till* atherton (*F har* Att ha *G* viij)

3184½ och lätha see hwar tiil wy doghom (*G som trott
att* tiwgho *icke kunde rimma med* formogho. *Uti
E är af samma anledning* ok tiwgho *ändradt i*

3185 *till* j vanom)

3188 wtan hinder til *för* wt. a hender (*B C*)

3206 redh *för* bödh (*B C*)

3209 frögdäs *för* styggias (*B C*)

3222 humbla rwm (*B C; är det rätta namnet*) rumbla borgh (*D F G*)

3238 Daghen *för* Dänomen (*B C*)

3244 hardelika *för* angislika (*B C*)

3274 gotzsärk *för* gudzsärk (*B C*)

3434 gärande *för* gyrende (*B C D* &c.)

3441 trwg *för* strwgh (*B C*)

3585 fidhlara *för* sidhan (*B C D* &c.)

3592 han them *för* man bort (*B C*) han borth (*D* &c.)

3627 gripa och *för* krypa ok stundom (*B D* &c.) kripa(*C*)

3706 swärdha *för* swerto (*B C*)

3852 konrad yser *för* Colrat isar (*B C*)

3876 gärlax *för* gerleffs (*B*) *Likaså* 4244 (*B C*)

3878 wäknara *för* mz wapn(*BC*)vepnara(*D*)väpnadhe(*F*)

3922 starbech (*D*)

3930 brunka (*B C D* &c.) *Likaså* 4244.

3987 birger *för* karl birgerson (*B C E F*) *D har matthis i 3987 och birge i 3988. G utelemnar 3987.*

4017 iacobsson *för* olafson (*B C*) ebbason (*D F G*)

4021 konungen sagde nw &c. (*B C E*)

4061 tre *för* nyo (*D E F G*)

4071:1 Epther gudhz bördh thusanda aar tryhundrath j siotthande thz war (*D E F G*)

4079 latet *för* landit (*B C*) latha mz minna (*D E F*)

4183 kost *för* skot (*B C*)

4225 skip och kogga (*B C*) koggha *för* skip (*F D*)

4340 mörklandh *för* miolkalang (*D*) mörklongh (*F*) mörklangh (*G*)

4345 sinne *för* sampnada (*B C D F*)

4375:1 Och wordho ther tha saa offwer een
 ath strax om waren ath syön vordhe reen
 mz makth ville the till gothlandh tha
 ath the motthe ther koningh birgher faa
 5 och ath ginghe thera reesa väll
 tha ville the han swältha j häll
 som han hade thera herra giorth
 8 och här före j boken är sporth (*F D G*)

4376—95 *äro i* D F G *flyttade efter* 4439.

4384 skutskör *för* skälsör (*B C*)

4410 giffui gudh *för* giff (*B C*)

4427:1 Epther gudz byrdh xx ok xiij c aar
 sancti symonis & iude affthon thz war (*D E F G*)

4439:1 Strax om waren redhe the
 saa skönan flotha man wille see
 aff skipp och ffolk thz synne
 och menthe konung birger i gotlandh finne
 5 tha the j garna hampn kommo
 wisselica thz the ffornomo
 huru konungen ok drotningen badhe sändher
 waro fflydh till danmark til henne ffrendher
 landeth hylladhe drotzet mattis tha
 10 the i stadhen bodhe giordhe och saa
 sidhan fforo the swenske heem
 ok lastadhe thz the funno ey them (*D F G*)

4541:1 wardbergh ok norre halland
 haffde han fryth j sinne hand (*D F G*)

**Fortsättning af Gamla Krönikan för att samman-
binda henne med den Nya till ett helt verk;
skrifven vid år 1452.**

(*Efter Lagerbrings handskrift, D.*)

1319—1389.

Drotzeten skulle rykens förstandara vara   149
till konungen kom till sina aara
thz stodh sa vell j ryket tha
ath aldre kundet bätre sta
5 tha varth konungens träsel sa rykt
ath aldre var j suerige slikth
thy rikens men liffde mz gläde ok losth
ok hade jngan onytta kost
ty tha var sa godher fridher
10 ok jnge trösto sik vidher
moth the suenska nogat örliga
ty the å vinna huart the bögia
Danmark stodh j sorgh ok quala
fför thz soldh the skulle betala
15 fför thz örlögh the hade förth
a suerige som för är rörth

     Ivnkar hakon ok knut hade j panth
sydra halland sigher jak för santh
ok ther till ij [2] härad j skane
20 bergahärad ok norre asbo heta the   150
fför lödugt silff viij^M [8000] lödugh mark

thz var j [1] soldh full stark
ok hade gräue hans aff holsta landh
för iij ok xxx tusandh
25 lödugha mark j kölnisk vikth
thz sigher jak vtan falsk dykth
skane blekung lyster ok hueden
ä hade danske mindre mädan
saa dyrth stodo honom the landen till panth
30 för gud sigher jak thz santh
Än varo danske skilloge thessen
Een som heet conradh van plessen
ath betala j kolnisk wikt fryi
iij^M [3000] lödhogh mark ok femty
35 han hade ther till för borgha
[köpmanna hampns hwss och gorgha]   [hampn
Roskill thu härad ok bytornet vidh köpmanna
ok thenne äffterscriffna iij härad vydh nampn
Säme härad ok killehäradh
40 ok tymehärad tesse iij äreth
Än lydho danska mera quala
aff osegliket geldh the kundo ey betala
Vallemar tha konung j danmark var
hans fader varth slagen konung cristoffer
45 budh han till konung magnus sende
ok badh honom hielpa sik aff then vande
ok vidh the gelden skilia
han ville lyffua äffter hans vilia

Sverigis radh sik tha tröste
50 ok förnempda panta till kronene löste

ok giorde ther een ända mådher

151

ath skane ok hallandh mz sloth ok städher

skulle äwinneliga vndher suerige blyffua

sua lotho the aff suerige dryffua

55 xl ok ix^M [49000] lödhug mark

thz ma vell scriffuas een summa stark

som the alt j lödhugt sylff vth gaffuo

ok betaladh ey mz andra haffuo

ok lotodh j kölnisk vykt betala

60 fför än the naghot the landen benala

Ther giordis kosteligh breff paa

ath skane skulle aldre vndan suerige gaa

ok ey halland lyster huäden eller blekingh

thz loffuade danske vtan twingh

65 ok mz kosteliga ädha jetthe

ath äwinneliga skulle haldas thette

ok aldre skulle danske thz örligh föra

som suerigis crona skulle skada göra

thz loffuade badhe konungen ryddare ok swena

70 biscopa köpmen ok almogen mena

ok sworot mz stora ädha tha

ok gaffuo breff ok incigle ppaa

ok brotho danske thz her är sakth

tha skulle vj [6] biscoppa haffua makt

75 lysa them ther före j ban

hoo ther moth sigher han är osan

J samma breff ok scriffuet är

hurw suarliga sik plictade ther

Erchiepiscopen klerkia riddara ok suena

80 köpmen böndher ok alle mena

som tha j lunda biscops döme boo
152 awinneliga blyffua vydh suerige mz tro
ok aldre latha sik ther fraa skilia
fför nogra twangh eller thera vilia
85 Effter gudz bördh xiij° aar
xl pa tridhia thz var
ppa vardhbergh viij daga effter martinsmessa
stadfestis thz breff ok gaffs till vissa

Konung magnis syster effemia
90 ffyk mekelborgh till hustru tha
try barn födde the aff sik
konung albricht ok henrich
tridhia syskon fins jngeborgh scriffuen
hon vart enom hertogh j holsten giffuen
95 ok var konung cristierns modher fadher modher
thi borde honom vara suerige godher
hertogh hinricx dotter konung eric baar
thoc han ey suenskom ondher vaar

SEdhan konungen vexte till aara
100 tha hade drotzeten budh ospara
om een jomffru som vare hans lyke
ok fik een vtaff frankerike
hon var velbaren skön och vyis
thes gaffuo henne alle priis
105 hoo henne nampn vill vitha
jomfru blanka mondon heeta
hon årligha till suerigis fördes
ppa stokholm thera bryllop giordes

mz sadana ära ther till hörde
110 jak vill thz nw ey lenger görä
han fik mz henne iij dötter ok ij söne   153
the vare alle syskene

SJdhan thz var mest framgangith
ok konungen hade skane fangith
115 tha bleff then ädhla drotzeth mattis döödh
gudh frelse hans siell aff alle nödh
swerige fyk tha eeth thz slagh
thz ey förwindher j mangan dagh
konungen fik sidhan sielffuer radha
120 ty kom ryketh j stoor onadha
Jak haffuer ey aff een konung sporth
som gud haffuer mera nadhe mz giorth
SAncta birgitta lyffde än tha
mz henne leth gudh honom första
125 hurw han skulle sigh regera
han aktadet togh ey thes mera
han ville ena resa till rytzalandh fara
Jomfru maria loth honom aathvara
ath vilden lydha henne radhe
130 hon ville göman fra alla onadhe
ok kalladhe honom sin nya son
ther gaff han ganska lytith om
HOn sadhe ville han till rythza draga
vtlenska skullen ey mz sigh haffua
135 vtan trösta aa gudh ok syna men
hon ville vel förvara them
ok hans här aa alla sydha

ther före torfften jnte quidha
hon ville sanka hans owener saman j sendher
140 ok skippa them j hans hendher
nar han them finge skullen them förwara
ok gudz fiendä ey ath spara
154 hon loffuade honom meer ath thz sinne
ath han skulde then helga graff winne
145 om han giorde som hon badhe
Oo thz han ey lydde slyka modher radhe
ther giorde then yslingh twarth aa moth
Alth thz jomfru maria honom sighia loth

Han sampnade sik een här stark
150 badhe aff tyska ok danmark
hertogen aff holsten ok slyka flere
thy varth hans angisth testa mere
thz gik som jomfru maria honom sagde
tha han jn j rytzalandh lagde
155 han van alth thz fore gik
ok syna owener alla j hender fik
tha radde the suenska sa inz them fara
ath the moth crisnom ey mera vara
the tydzska radde ath latha them lyffua
160 sylff ok gull the os nogh giffua
Jomfru maria radh konungen försmadde
ok giorde som the tyska radde
the rydza loffuade honom silff ok gull
ok suoro honom vara hull
165 ok crisna tro tagha sik ppa
ok fly ath alth landet skulde göra saa

han loth them raka skegh ok döpa
ok frya sidhan fara ok köpa
men rytza skulle fara ok venda thera landh
170 alth till crisna ok konungens hand
tha förterde konungen sin spisningh mesta
ok tymen förgik them alle besta
som han skulle sik haffua brukath
ok syna owener vnder dukath
175 Tha rytza komma j thera behaldh   155
sankade the sa storan saaldh
aff rytza lättoga ok tartar
ok bestallade konungen ther han var
ok lotho honom se j allo thy
180 ath skeggen vare vext ather aa ny
haden rakath hoffuden fra thera hals
tha hade the ey giorth tolkit fals
han groff sik vth aff lowka minne
äller hade the fangat honom ther june
185 thy han lydde ey jomfru maria rade
ther för fik han ey hennes nadhe
vtlenninga twingade honom margfall
fför han fik betaladh thera saall
han sette them mangh landh j panth
190 ok twngade almogen sa för santh
ath tolga skatta aldre offuer them gik
vtlenske men alth thz solleth fik

Konungen ok sa före togh
Een sin man han fördrogh
195 öffuer alla the j ryketh varo

thz giorde han ther fòre
ath huat han ville taga ppa
tha skulle hans vilia jo framga
huem. thz var skada eller oreth
200 han skötte jo alzencte thz
Moth kyerkione fryhet giorde ok han
thy lyste pauen honom j ban
Thz lagde han ey aa sith sin
156   huar gudhz tydher hioldos ther gik han jn
205 ok forspilte mangom sinnom saa
thz gudhz tyenisth fik ey fram gaa

      EN togh han eeth verre sinne
ok vildey blandas mz sinne forstinne
vtan lyffde ver en oskeliget dywr
210 ok sindade moth reth nathur
j the matta osigelighet är
tha hans radh sporde thetta här
tha radde the honom offta saa
han skulle ther leggia böther ppaa
215 han aktade thz för jncte vetha
ok ville thera radh ey sätha
Sidan vorde the saa till radhe
ath the keste hans söner bade
Eric konung offuer suerige
220 hakon offuer norges ryke
ok fingo konungen aff landet thera
sa mikith han skulle sik mz näre

      Ther effter förliktis tha
han ok hans förstinna

sa ath the lagho saman badhe
tha förgaff hon mz beggis thera radhe
Eric som konung j suerige var
ok hon sielff til verlinne bar
som han j sith yterste sagde
ath modren honom thz giort hade
sidhan hillade ryket fadren j gen
ok han loffuade göra them ey meen
huarken thera gotz eller liff
vtan swor them älska vtan kiff

SJdan förentes konung magnus tha   157
mz hans magh mäkelborgh saa
ath konung hakon skulle sik thaka
ena hans frenko till dröthningh haffua
konung magnus ther om vthsende
xij hans radh thz skulle ände
ok mz mekelborgh saa stadfeste
the varo aff suerige the mektogaste ok beste
Erchiebiscoppen biscop niels aff lincopung medher
ther nw sigx hälig honom är thes bäther
her karll aff tofftha boo joansson ok mere
tolka andra mektugha flere
them sendhe han vth mz fulla makth
huat the loffuade skulle blyffua sakth
thz loffuade them ok xij mz konungen saa
the ok vare hans radh tha
Togh tenkte konungen alla stunde
hurw han sith radh förderua kunde
thy togh han sigh saa före

medhan the j thz ärende vare

255 mz *konung* valdemar förbant sik saa
ok gaffuo thera barn ther saman ppa
konung hakon ok drötningh margreta
ath *konung* valdemar skulle hans vilia vetha
ok latha tagha vara

260 nar the suenska mz jomfrune heem fara
tha skullen latha grypa them alla saa
ther till loffuaden *konung* valdemar tha
skane ok halland fryth j geen
ok all breffuen mz vtan meen

158 265 The sik ey ther för ath skilia
än alth varth giort *konung* valdemars vilia
bade om landh sloth ok städher
ok han hade aall breffuen medher
om blekingh lyst*er* halland ok skane

270 vee them bädröffuade fane
som sith ryke saa förderuar
ok tolkit mordh efft*er* sik ärwar
ppa sina men hono*m* tyena j troo
han skulle alder j hymerike boo

275   Ther till badh han *konung* valdemara
ath han ville thil gotlandh fara
ok tui*n*gga gutniska till both
ty the giorde hono*m* aa moth
ath the ey.sa mikin skat gaffuo

280 som han ville aff them haffua
tha *konung* valdemar slotten j skane jntogh
ok *konung* magn*us* vth aff them drogh

tha spottade honom gamble ok vnghe
ok kastade honom mz rothna kolungha
285 ok beskimpaden mz vysor ok orde
thz var ey vndher the saa giorde

NAr the suenska aff rostok lagde
konung valdemar sith folk vthe hadde
mz twa stora holka tha
290 ok ij° [200] ryddara ok suena ppa
som j tydzklandh hema varo
ok skulle mz jomfrune till suerige fara
tha loth han alla grypa them
ok fördes till sälandh heem
295 ok somma ppa gorga feste
somma ppa the andra neste
ok hiolt them ther j twanga
saa vell jomfrun som the andra fanga

Mäkelborgh sökthe ther om dagha
300 ath han ville them lösa haffua
thz skedde tok ey för thes
än mekelborgh lagde till stigsnes
mz viij° [800] ryddara ok swena
som mz opgiorda hielma j stridhom tiena
305 ok ther till thera hoffuasin
saa drogh han j sielandh jn
J xiiij vykor mundhe han ther bliffua
konung valdemar tordey mz honom stridha
han häriade landeth alt om kringa
310 till thes the saa dektinga

159

ath han fik the fanga alla j geen
sidhan for mäkelborgh at*er* heem
ok badh the suenska heem fara
ok holda thz hono*m* loffuat vara
315 om the vilde blyffua ärliga men
held*er* ko*m*ma j gen alla sän

The foro til *konung* magn*us* j sa*m*nia stu*n*dhe
ok förmanade thz högxta the kundhe
ok togho the xij aff radhet medher
320 ath han skulle lydha thes bedher
som i*n*z *konung*en haffde bestelth
ok the andra swenska i*n*z befelth
thz verff till mekelborgh fara
ok loffuade them skadalösa vara
160 325 ok skylte the *konung*en swarligha
ath skane var ko*mm*yt fran suerige
moth thera radh ok my*n*ne
tha togh *konung*en saa dana si*n*ne
the xxiiij beste j ryketh varo
330 them fördreff han ther före
ok biscopa rydda*ra* ok suena
som mest förmatte hono*m* tyäna
ok ville the*m* vidh lyiff ok gotz skylia
ty the talade moth hans vilia
335 ok the*m* alla byltoga lagde
för thz the hono*m* sa*n*nygh sagde
om then skada han hade rykith giorth
ok ey hollit the*m* troo eller ordh
saa fördreff han the*m* alla till lyka
340 fraa godz ok hust*ru* trengd*en* the*m* vyka

SJdan the alle til rostok lagde
saa foro the xij mekelborg loffuat hade
alle till honom vtan fals
huar hade en binzel om sin hals
345 ok sagde vy åro her komne aa jdre nade
öffuer vara lyiff ok lemmer magen j rade
thz vy jdher loffuade kunnom vy ey holde
ty giffua vy os jdher j volla
Måkelborgh suarade them alla j sån
350 j haffuen os hollit som årliga men
thz jdher herre vill os ok jdher saa förradha
togh göra vy jdher ey mera onadha
han tok them ppa sith feste
ok lyffde vidher them alla beste
355 ppa sith slot suårin
ok loth kalla the andra heem till sin
som j rostok hade blyffuith
ok konung magnus hade mz fördriffuith
ok badh them alla når sik blyffua
360 kost ok klåde ville han them giffua
till thes the kommo j eeth annath sin
saa ath the kommo j suerige jn

MEdhen thetta saa till gik
redde konung valdemar sik
365 tyll skips mz een hår stoor
mz holkin han till gotlandh foor
ok lagde j garna haffn ther medher
them saluge gutha lykkadis ey båther
the ville ey vndher konungen gaa

370 ty loth han them gripa ok slaa
vith vj^c [600] myste ther thera lyff
gudh skende *konung* magnus för thz kyff
han matte funnet bäther foga
än saa förderuat sin almoga

375 sydhan skynnaden staden ok landeth j röther
saa the fingo thes aldrey böther
vsigelighet gull ok silff han ther fyk
gudh fögadet sa thz alth förgik
som han villet till danmark föra

380 tha for thz som man maa höra
fför tyuste skär ppa een sten
bleff bade skipp ok gotz j gen
ok alle the j skyppet varo jnne
förgingos mädher aath thz sinne

385 han loth sin fogda ppa gotlandh vara
162   ok bödh almogan honom suara
tha han mz guta hade endhe
strax ath ölandh han tha vende
Öningga gik tha sama lundh

390 han loth them röffua ok skynna j grundh
togh myste ther jngen sith lyiff
thy the budho honom jnkte kijff
tha han hade giorth *thetta* meen
for han stragx ath danmark j gen

395 ok wart thit komen nogha vell
fför än gutha slogo hans fogda j heell
ok lyddo vndher suerige som för
thz är tro almoge som saa gör

MEkälborgh ok the suenske
400 mangh budh till *konung* magnus sende
ath han ville taga them till nade
ok bäther för suerigis ryke rade
ok vinna skane till suerige j geen
som borth var komith riketh til meen
405 ok latha them nyuta suerigis laga
ok ey saa gotz ok erffue fra taga
konungen thz ey göra vill
ty screffuo the honom sidan saa till
ath vitha hans versta huar the maa
410 ok föräntes sidan mz mäkelborg saa
ath the hyllade *hertog* albrict hans son
som var *konung* magnus *syster* son
ok honom till *konung* j suerige taga
han swor them holla vidh suerigis laga
415 Mäkelborg loth stragx räda vara
skipp ok folk the skulle mz fara
Saa förde the *hertog* albrict jn
först ppa gotlandh j thz sin
ther hyllade honom bade landh ok stadh
420 effter ty suerigis radh them badh
sydan förde the honom till stokholm tha
tha varth han ok hyllath saa
Effter gudz bördh xiij° [1300] aar
lx ok iij *sancta* anderse dagh thz var

163

425   Tha *konung* magnus thz förstodh
han sik ther uuth ey nögia loth
vtan ville ryket behalla

om lykka ville honom valla
ok sende till norge ok danmark
430 ok sampnade sik een här stark
ok bödh konung albrict saa till
ath mz honom strida vill
honom lykkadis tha ey bäther j matte
the möttes bade vydh gaate
435 mellan enaköpung ok östensbro
ther fik konung magnus then oro
han varth sielff grippen till fanga
konung hakon monde nogha om ganga
Epter gudz bördh xiij° lx [1360] ppa fempte aar
440 manadagen näst hwite sunnadag thz var
tw aar för konung magnus leedh then nödh
bleff hans hustru drötningh blanka döödh
Vynet monde j vesteraars vel smaka
ty kunde somme nordhmen ey teddan raka
445 the kwado fast ok giorde sik katha
medhan konungen tappade striden j gata
saa kommo ther manga farande jn
mesth mz blaa ok bloduge kin
164 ok huar flydde som mest förma
450 swenske rende effter bade gripa ok slaa
the fingo tha een annan lwdh
sik skindade huar aff staden wth
somme barbörde ok sommi till fotha
harnisk ok väria mz epter loota

455   Konung hakon loth aath norge gaa
konung magnus fördes till stokholm tha

ok lotz j kärnen j thz sinne
ther varth han föruarat jnne
J ena stwgw loto the han gaa
460 ok haffua starka boyor ppaa
man gaff honom yffret drykka ok ätha
togh matte honom jngen aff tornet lätha
sydan loth konung albricth bestalla
aall the slot mz konung magnus holla
465 J vij aar thz saa gik
för en konung albrict all slotten fik
han hade them ey sa brat fangit
hadey dektingan mellan gangit
ath konungen loth konung magnus qwith
470 ok fik ther mz alt ryket fryth
saa monde konung magnus til norge draga
ok bleff ther konung j sina dagha
till han drunknade j bömelfiordh
vidh lywngholm sa haffuer jak sporth
475 vidh norges sidho mon thz vara
thz wetha the ther plägha fara

Ther effter konung hakon aff verlden gik
ok hade een son effter sik
konung olaff hans nampn var   165
480 han doo ok epter jnnan fa aar
Epter honom erffde norge tha
hans modher drötningh margretha
ok genast epter j faa aar
doo henne fadher konung valdemar
485 epter han erffde hon danmarkx ryke
till klokhet var ey tha henne lyke

SJdan konung albrict fik alt ryket radha
finge swenske mera onadha
mz twnga skatta ok manga olagha
490 ok gestis aldre swarare j thera dagha
han satte ther effter alt sith sin
förderua the honom hempte jn
saa ok huar een swenskan man
tidzska drogh han tha mest fram
495 them fik han landen ok slotten till panth
huat the honom skulle sägia thz var santh
Epter tidzska rade monden alt göra
the suenska villen nogha see eller höra
swenska jomfrur ok änkior badhe
500 gaff han tidzskom vtan fränder radhe
hulken swensk ther fik moth tala
han leedh ther före nödh ok quala

Tha tidzska hade ryket sa nar j volla
ath konungen hadey sik stort mz holla
505 tha loth han the swenska saman kalla
biscopa ryddara ok swena alla
ok loth them ther förstaa
at han sin staat ey holla maa
vtan the honom till hielpa plägha
166 510 huar tridie gardh the sielffue ägha
Sua skulle ok alle closter ok kirkior giffua
om the ville j hans hyllest lyffua

The swarade alle honom saa
them tykte thz wara twngt aa gaa
515 ok bade en tha för gudz nade

ath han ville lydha thera rade
som the hade offta före bidhit
ok thiit hans vrede förre lydith
ath lata the tydzska fara heem
520 ok lösa landen ather aff them
the ville honom än ther till hielpa tha
huar epter ty som han förma
konungen swarade ther till nee
ok sade thz kunne ey ske
525 ath han villey tidzska öffuer giffua
åå medan han matte liffua
ok sade them fremmer mera till
ath han then böön jo haffua vill
ok loth stragx ppa thera godz taka
530 ok skötte huarte räth eller lagha
ty kom han j pauens ban
alzencte skötte thz han
Eller aktade nogat j sith sin
huor gudz tyder hioldes gik han jn
535 ok förspilte mangt eth sin saa
ath gudz tienist fik ey fram gaa
Rikens radh talade ther fast j moth
och finghe thes heller ey annan both
vthan koninghen giorde ther aff gaman
540 och togh borth thera gotz alt saman
och gaff thz tydzske huem han ville
tha togo the swenska giffuas jlle
ok ville sik hielp ther moth leta
ty foro the till drötningh margreta
545 som tha danmark ok norge hade
ok thera nöödh för henne sagde

167

Tha hon hade hört thera meen
swarade hon them saa j geen
ville the henne til förstinna taka
550 hon ville them holla vidh suerigis laga
ok hielpa them aff nöödh ok vanda
ther medh gingo the henne till handa
Saa foro the suenske j suerige ather
sidan öktes bondom mera grather
555 the loto scriffua saman smat ok storth
huat ooreth konungen hade them giorth
ok huro opta the hade honom videruarat
ok thit haden them jlla swarat
ok aktadey thera rade
560 vtan them altidh försmade
ok skötte sina edha halffua mindre
ok lyffde alth epter garpana sinne
ty loto the honom saa första
mz manskap ok tienst fra honom gaa
565 ok ther vara j alla stunde
a hans versta huar the kunde

SJdan huar konungen hadet feste
the suenska bygde ij [2] eller iij ther neste
thz var stor jemmer j suerige tha
570 åå huart man ville ryda eller ga
tha var jo fiende aa badå hende
åå huart man saa eller vende
168 Jlla stodh tha ryket vtan skell
een broder sloo then andra j hell
575 ok sonnen moth sin fadher giorde
epter lagh eller reth jngen sporde

ty somme mz *konungen* hollo
ok somme mz drötningen till follo

Thz stodh saa j mangh aar
580 till *konung* albrict sa arm var
at han kunne ey örlegh halla
ty fik han the prytzka volla
een deell aff ryket till een panth
thz var gotland sigher jak försanth
585 för xx^M [20000] nobla swara
een stor summa mondeth vara
mz thz gul sampnaden tha
alla the tidzska han kunde faa
ok bödh drötning margreta sa till
590 at han mz henne folk strida vill
the föruissat j eeth lagh
möttes a falen *sancti* mathie dagh
han kom ther mz sua stort bram
ok mente vinna sin vilia fram
595 som een sol the tydzska skina
sa varo thera tygh ok harnisk fyna
ok gik stort rusk aff thera smedzserij
the hogades vara för suenska frij
för än thz kom the skulle strida
600 the sworo thz swenska tordey bidha
Tydzsken swor vilia binda tre
honom vendes alth hogen han fik them see
the swenska kom forst ppa then bana
mz sa manghen herlyken fana
605 aff the try ryke banere
än hado the tydzske manga flere

aff hertoga greffua ok banera herra
åå huat thes mer them vart thes verrå
DRötningene folk the wunno ther sygher
610 konungens skada vart mykit drygher
han vart ther syelffuer fangen tha
hans son hertog erik ok saa
ok ån andra hertoga tre
aff holsten reppin stargardh vare the
615 Nytton hans ryddara blyffuo ther döödh
för vtan swena som ok lydho then nödh
syelffue wlto the sik then vanda
hade the blyffuit j thera landa
ok latidh suenska mz thera konung radha
620 tha hade the ey lydhit tolka onada
Drötningene ryddare slogos ther viij
ok mangen hennis swen j samma matta
epter gudz bördh xiij° [1300] aar
lxxxviij om hösten thz var

625   Konung albrict fördes till lyndholm tha
hans son hertog eric giordes ok saa
ther satho the j vij [7] aar jnne
fför drotningen kunde all slotten vynne
som j suerigis ryke åro
630 hon fik ey stokholm j sino våro
för ån the varo thera fengilse quith
ok j thera landh måkelborgh fryth
    (*Härefter följer v. 21 af Nya Krönikan*
SJdan ryket kom till drötningene handa &c.)

Yngsta inledningen till Gamla Krönikan i dess tredje redaktion, gjord på 1520-talet.

(*Efter Benselii handskrift 51 i Linköping.*)

Cronica Swecie
prologus in laudem Suecie ett förspråk Swerige till priis

4

Gud fadher och son och then hellige ande
beskerme Swerige från wådhe och vånde
Jomffru maria mz all hymmerikes skare
mz sinne miskunneliig bön thetta riike beware
5 Att thz motte bliffua i friid och roo
j dygdeliig gerning och christeliig troo
Ath thz motthe ståå wed en gudeliig siidh
all olagh och onth måtthe leggias niidh
Swenske åre komne åff en godhen man
10 noe son Japhet såå hether han
Yngxte noes son och triidie han war
och skiwlte sin fadher naår han laåg bar
Ther före bleff han welsignath ighen
mz sin brodher och gudz trogne wen
15 Når noe welsignade honum mz gud
och badh honum wiidas om werdhen wtt
Och cham hans brodher badh ware hans swen
szom han haffwer warett och år och ån

Thenne welsignilse alle swenske men ärffde
20 szom iaphet theris fadher them förwärffde
The henne beholle wthen ände
gud them sin nåde ther till sände
Epther noe flodh altt affrica land
5 annamade Cham alth wndher sin hand
25 Sem Asiam then delen aff werdhen intogh
till Europam mz sine äfföda iaphet togh
Han haffde en son magog heet han
hans sleckt kom försth till tyska land
Somlige monde siig hiith wtwenda
30 och toge sin hemman i thenne landz enda
The hade tha domare som them styrde
them för sina herra både hedrade och wyrde
Till tess thz kom tha till the dage
the wille siig konwng offwer swerge tage
35 Swirges riike är thz besta land
i heela werdhen man finna kan
Med hellige men oc qvinner gud haffwer begåffuat
swergie, ty ware han priisatt och loffuat
Försth then milde konwngh sancte erich
40 Erkebiscopp aff wpsala sancte henrich
Ther nest hellige biscopp brynvlff aff Schara
hemmingus som och biscopp i aåbo monde wara
Sigfridus aff wexiö som cristnade swirges land
Eskillus aff strengenäss then hellige mand
45 Nicolaus aff lyncopwng biscopp hellig oc säll
Henricus som och styrde gudelige och wäll
Confessor af mwnkatorpp sancte dauid
och then hellige martir sancte botwid

Birgitta vastenis och hennes dotther katherin
50 aff sködwe then hellige ffru sancta Elin
Sancta ingriid aff skeninge then hellige qvinne
aff telie ffrw ragnil som ey nw hellig är mynne
Ther till monga andre som fryctadhe gud
når the her leffde och fulfolde hans bwd
55 The haffwe nw fonghet ewinnerliig lön
the hielpa thetta riike med sinne bön
I thetta riike är fullgod empne
på aldre honda gott som man kan nempne
På godtz och håffwer thz är well riikt
60 ty haffue wtlendzska hiit myghet fiicth
Gud lathe them aldriig faå ower thz raåda
ty thz wåre tha stadd i stoor wåda
J thetta riike är största renliigheet
som nogher man nw aff seya weet
65 Både mz hwss. öll. bröd, och math
och bewiisas gensthen fullgod låth
Man skall her mera för gudz skyll faå
en i andhre land för peninga naå
Thz skule alle segia, som thz plägher fresta
70 gönom riikett fare och almoghen gesta
The törffua ey hentha aff fremmande land
till dryck eller föda nogra honda
Korn. rogh. och hwethe. fää. smör och swiin
haffwa the nock alth hem till siin
75 Her är nogh sölff. bly. iern och kopar
szom föres wtlendis i stoora hopar
Gråskin. hermeliin, räffskin och mårdher
oc annor skinware som nokott omwårdher

6

Her faller offreth godtz och ware
80 mz hwilke köpmen wtlendis fare
Man finner the böndher som haffua full nogh
aaker och ängh fiiskasiö och skogh
Hwar hemma för sin eghen dör
och brwkar thz, epther som honum bör
85 Färsk fiisk hawer han aff siögher och aår
för wthen then fiisk han aff haffwett faår
Her födes och the skönasta hestha
stora och smaå. helsth the bestha
Her är nogh bij och åldhenskogh
90 alskons willebråd öffwer nogh
Hiortt och hynd älgh och raå
och alla the fwgla man ätha maå
Mera än i anner land och riike
ty finner man hwarigen swergis liike
95 Gud haffuer skapath swirege saå
mz bergh skoga, siö. mosa. och aå
Att wille swenske men troo ware
för wtlenske båre the aldriig fare
Her war fordom så dristogh almoge
100 ath the mz stoor här wtlendis droge
Och wnne mz macth mång riike och land
och hade them lenge wndher sin hand
Rom och neapolim och alth waland
Arrogoniam siciliam och hyspaniam
105 Flandren holland och frankariike
engeland skottland motte wedher them wiike
Gallia. macedonia. giorde och saå
ty inthe landskapp kwnne mott them staå

Jliricum och pontum the och offwerwnne
110 all land och riike som the för siig fwnne
Jnga keysare eller konwnga wille mz them striida
inthet kriigxfolk tordhe heller för them biida
Thenna gother kwnne siig icke stille
the gingo iw fram å hwar the wille
115 The offwerwnno rom well offta sinne
oc borttoge the håffwor som ther war inne
Romaner monde thz sielffwe wålla
ty the wille them ey hwllskapp och troskap hålla
Ther dagtingadis offtha och hölle ey ord
120 ty bleff ther aff storth slagh och mord
The brende och rom, och wille fördriiffua
gudz dyrck, som wiisa men aff scriffua
Honorius i rom tha keysare war
epther gudz byrd tryhwndrade lxiiij aår
125 Myghet anneth wtlendis i böker står scriffwit
hwath mandom göthane haffwa bedriiffwit
The ware och altiid om ett sinne
samhellige. ty kwnne them inghen winne
Swenske men i göre och saå
130 om i wile friid och roligheet faå   7
Men thz finnes bådhe för och nw
awndh och gyrij bådhen tw
Haffuer swiirge fördherffuath så mongelwnd
och qwelgia thz än i hwarge stwnd
135 Men gud thz stille som well förmå
och lathe all awndh och gyrij förgå
Semya och kerliig motte oprinna
så motte wii sedhen gudz nadher finna

Och komma till then åra i hymmeriik
140 ther gud han år nw och ewinnerliik   Amen

---

*Här efter följa, sammanfogade till ett helt, 1:
en utvidgad omarbetning af Lilla Rim-Krönikan till
Erik Läspe; 2, 3, 4: Gamla och Nya Krönikorna,
med deras sammanfogning, förkortade och om-
arbetade, så att hvarje konung föreställes berättande
sin egen historia, likasom i Lilla Rim-Krönikan;
5: sjelfständig fortsättning till och med Christiern
II. N. 1 och 5 äro aftryckta i denna samling.
Hvad beträffar n. 2—4, bestå deras skiljaktig-
heter från den tryckta texten, utom den genom-
gående jag-formen och derpå beroende små ändrin-
gar, hufvudsakligen af många, dels korta dels långa
uteslutningar, ofta af mer än 100 verser, som nå-
gon gång ersättas af en eller par rader, antingen
nygjorda eller, då en ny konung inträder, lånade
ur Lilla Rim-Krönikan; vidare af likgiltiga om-
skrifningar, glossor och några få verkliga tillägg,
alltsammans utan värde, vare sig i historiskt, litte-
rärt eller språkligt afseende. En fullständig redo-
görelse för allt detta skulle erfordra hela redak-
tionens aftryckande, hvilket den ingalunda förtjenar.
För att dock gifva en föreställning derom, må här
meddelas en kort öfversigt af dessa afvikelser i de
första 2000 verserna, hvarefter det torde göra till
fyllest att anföra tilläggen.*

Vers.

156:s Samme dag oc aår op gaff iag myn ånde
och skildis i fraå all werdszlig wånde
som fortsättning af de redan, sid. 167, an-
förda 156: 1, 2

157—201 *utelemnade i hvilkas ställe förekommer föl-*
jande rubrik:

Birge iärll höffwesman i riikit

Han war icke konwng. ty mädhen birge war i
taffuasta land doo konwng Erich, och jwar blaå och
flere herra som hemma waåre i riikett kesthe
wåldemar birge ierlss son till konwng, Oc epther
han war myghet wngh, styrde fadher för honum till
tess att wåldemar kom till sin lage aår

223 som bleff sedhen biscopp i lyncöpiingx sticth

238 *Glossa:* Then slecth kalles folkwnge slecth i Swerige aff
ffolke Och the wille altiid raåda

253 *Glossa:* Biscopp kooll war biscopp i linköping och latt
han byggia kolss broo

448 Ther war glädi och myghen lysth

1 mong rödh mwn han warth tha kysth
Riddare och herra wtoffwer the bord
mz frwgher oc iomffrwer hade the fagher ord

449 Dantzss och leek både wthe och inne

504 toffta skär *för* eesta skär

566—89 Konwng erich i danmark wart dräpen i häll
aff sin eghen brodher hertog abell

630—47 Thz kom en tiid tha så i lagh
ther höltz en mectog herre dag

854—57 Jagh folde hans här oc war ey seen
strax epther her opp i riikit ighen

wii giorde skade på thetta land
hwar wii framfore. mz sköffling och brand
862—931 wärend bleff brenth tha alth som mästh
och mångh aff the häratt ther låge nästh
955—1127 till konwng tha walde the hertog magnum
på mora sten
Jag war wäll mz konwng erich kendher
· ty skippade han meg wenskapp aff brödher oc
frendher
*I st. f. 1136—50 finnas 1282, 83, 88—93, 98
—1301 starkt · ändrade (1302—22 utelemnade),
samt vidare*
Tha bleff iag ther alth til the dage
att dödhen monde meg liffwett aff tage

Magnus ladhalåss

Jag wan myn brodher aff kongelig macth
för then sak han sielff hawer sacth
Ty han giorde som andre dåra lysther
åtthe barn mz sin hwstruss systher
Almoghen the megh ladelaås kalle
iag fryade riike och fatige alle
Jag badh them settia slaå för ladhe
och fryckta sedhen inghen skadhe
Jag styrckte gudz hedher och hölth hans lagh
i Stocholm hölth iag en herra dagh
hvarefter följa 1151 o. s. v.
1225—45 the andre twå Erich och waldemar
J sweriige styrde iag xiij aår wthen mödhe
till iag på visingxöö dödhe

(Ur
Lilla
Rim-
krön-
ikan.)

1272—73 **Torgils knwtzson** styrde i riikit wäll till täss birge
nuonson kom till laga år och bleff kongh

J sweriige en tiid iag höffwesman war
till birge war kommen till sin lage aår
1386—1450 Sedhen antwardade iag riike oc land
mz alle herranes wilie her birge i hand
Han war tha kommen till laga åre
att tha motte han Swergiss konwng ware
J Stocholm hans bröllopp war
ther epther innan thz tridie aår
Jomffru märitta heet then iomffru båll
som kong Erich aff danmark gaff honum i wåll
The gåffues till hopa j sinom barndom
iomffru märittha sedhen till Swerige kom
Hon bleff her när syna wener i mång aår
alth förre en hennes bröllopp war
J thz bröllopp war god kosth och ädla sedher
och all then glädi man torffthe wedher
Hertog erich bleff riddare &c.

1458—59 **Birge Månson**

Jag haffuer förnwmmett att swek och falss
thz kommer sin herre ighen paå halss
Mz stoor dröffwilse sorgh oc ångher
saå lenge man thz wngångher
Sedhen iag monde konwng wara
wille marsken her törgilss till rytzsen fara
1566—1627 Monge rytzsar styrtthe i thz slagh
1647—61 Till tess the fingo bör så bliid
1703—43 the ginge the christne alth för när

1808—19 *utelemnade.* 1828—31 *utelemnade.*

1836—1947 Her Torgels knwtson marsken hade bwdh ostad
greffuens dotther aff raffuesborg sig till hustru bad

1954—2021 *utelemnade.*

3247 tha wende hertogh Eric sig om

1 Thy mz honum ware ganske faå
och kwnne them ey tha her bestaå

3251:1 Jagh folde tha konwng Eric her in
och aktade vinna alth swerige thz sin

3252 För nyköpwngx hwss wii oss ther lagde

3253 och manneliga hwsitt aff them kraffde

4507:1 Ther före skedde honum tolken mon
ty han war hertog Ericss son

Till Gamla och Nya Krönikans sammanfogning.

Efter 476 *glossa:* Jtem finnes sommestadz att konwng hakon
skulle styra noghen tiid i Swerige näsfh epther sin
brodher konwng Erik månson som förgiffwen warth
aff sine modher drotning blandzsa som före scriffwit
staår aff hwilken konwng hakon hellige biscopp niels
ledh myghen genwerdoghet som finnes i hans legenda
Jtem gaff konwng magnws Ericsson första sin stadhen
her till wastena closther Ty han war hårdher weth
Sweriges almoge mz twngh pålegning. och hårda
fogotther, gerna hörde han oc mässa &c

Efter 486 *rubrik:* **Albriktt hättalöss**

542:1 Jag fik och garpe land och sloth
swenske män hölth iag för spoth

597 swedzserii (*i andra hds.* spisseri)

632: 1 Jag monde oc drotninghen margareta iätta
iag skulle aldrig pa mitt hwud bära hätta
För än iag skulle winna henne siin riike i frå
thz monde mz meg alt annerledis gå
5 Aff wadmall latt hon skära meg en hätta ny
mz longhen strwtt myghet vadmall wti
Jag kallade och henne konwng brokalöss
ty slapp iag sa senth myn fängilse löss
Når iag war slwppen iag lysthe ey bidha
10 iag latt meg snarliga till mekelborg liida
Sa myste iag bade land oc riike
ty iag wille mig icke till nådhen wike
Offuer swerigis män når the meg både
ty bleff iag saå neffsth wthen alla nåde

Till Nya Krönikan

hörande tillägg må äfven här anföras för att samla
dem alla på ett ställe.

189: 1 Philippa heet then iomffru bold
som giffwen war konwng i wold
233: 1 Epther gudz byrd twsand iiij° på tolffte år
sancti Simonis & iude affthen thz war

Efter 805 **Engilbrict Höffwesman**

805: 1 För Sweriges almoges twång margfåll
och stor nöd bleff iag till höffwesman wald
Kongh Eric twingade riikit sa såra
mz monga olaga och skatther swåra
5 Han wtarmade riikit mz alle makt
hans fogthar wåre onda som förra är sakt

5068: 1 Her orms dotther iomffru katherin
ty hon war bådhe fagher och fin

7373: 1 Ther mz endadess så mitt liiff
aff förnemde sott och ey åff kiff

> Her bencth iönsson och hans brodher her niels iönssou
> styrde både för riikit ty kong Christoffuer satte them
> i sin stad medhen han war i danmark The styrde
> frå xiii^{de} dag iwll oc in till helliga likame tiid ther
> till marsken her karll kom frå findland oc bleff
> sedhen kong waldher &c

7383: 1 Som myn son kom erchebiscops döme till hånda
så acthade iag för riikit stånda
Thz giik tha ey som iagh wille
ty marsken her karll meg thz frå skilde

7510, 11 **K: karll knwtzson**

Jach tacker gud myn skapare kår
för alla sina nadher han gaff mig hår
Når the swenske män alle ower enss droge
mig hyllade och till konwng toge

8248: 1 Wii haffue en godh herre oc höffwesman
riikesens båstha han well rama kan

8390: 1 Ty bör mig honum priisa och loffua
Så lenghe iag liiffuer för tolken gåffua

8401 *Glossa:* hellige liikame koor nw kalles

9262: 1 The Swenske stode tyste i then skogh
så länge hären gönom brotthen drogh
The danske skrepte mz stoor macth
alth Swerige winna war theras acth

5 The sagde wij slå the Swenske i hell
och theras hwstrur the doga oss well
En Swensker swarade och war ey seen
tiig skall motha ett annath meen

BIHANG.

OM KONUNG ALBREKT.

LILLA RIM-KRÖNIKAN
DESS FORTSÄTTNINGAR OCH OMARBETNING.

Om konung Albrekt.

Här byrias aff swerikis rike

Aue maria iomfru oc aldra wårdhoghast
oc thin signadha son som all thing kan bäst
badhe lönlik thing oc oppinbara
han gifwe mik miin ordh swa taka til wara
5 thz iak matte them swa fore idher föra
thz i mattin idher thäs gladhare göra
wilin i gifwa liwdh en litin stwnd
tha wil iak idher sighia aff en wänan lwnd
then wänasta man haffwir mz öghon seet
10 han är os allom mz glädhe förra teed
margh man som haffwir farith land oc rike
han hafwir ey opta funnith hans lika
thy ther wäxer i swa margh godh frwkt
som frwr haffwa aff badhe smak ok lwkt
15 som är äple päror oc kirsebär
thz är the frwkt som frwr haffwa käär
ther wäxir i the owirmärkis kryde
som wäl smakar i bikar oc gryte
som är muskaat oc kardemoma
20 man findir ther äro hwa thiit wil koma
hwilkin som lyster hoffwera oc danza
ther wardher han wäl vnfangin aff frur mz rosin
ther wäxir i the ädhla paradiise korn   [kranza

them plåghar man skipta mz silffkar oc horn
25 nw mädhan silffkar oc horn äru aff landeno gäst
tha äru bollin oc bekarin almoghanom bäst
wt i then lund ther ligger en haghe
han haffwir mykin äro in at dragha
ther wäxir i ädhle dyre stena
30 the magho wäl liknas widh gullith rena
hwilkin sik wil ther til giffwa stwnd
han ma ther aff taka wäl thusand pwnd
ther til skal han haffwa giri oc losta
iak thänkir thz wil tho päninga kosta
35 en rikir höffdhinge lundin atte
iak thänkir at honum thz forthotte
at the ädhla frwkt war wordhin swa määr
thy wille han ey haffwa henne käär
thy lot han ther in siin otama diwr
40 som är wlwalla oc oskälik creatwr
panteer oc leon oc oskälik diwr flere
thy at fruktin skulle ödhas thäs mere
ther kom om sidhe badhe wlwa oc biörna
swa at ey bleff ater vtan riis oc thorna
45 swa kom ther i then snödhe räff
som wiste badhe hwl oc graff
ther war i aldre swa ärlik qwist
han haffwir han fordarffwath mz sinne list
ther war wti aldre swa diwp en root
50 han haffwir hona op riffwith mz sin foot
tha then rike höffdhinge sat owir bordh
honum thokte thz wara gamans ordh
thz han gaff bort the ädhla frwkt

swa at han hafdhe hwarte smak eller lwkt
55 soma gaff han kranz aff gull
oc some fingo säkkia full
somom gaff han the frwktsama trä
the foro till landa. köpto sik badhe iordh oc fä
hwilkin fram kom mz skällo eller klokko
60 han skulle siälffwällogher frwktena plokka
somom gaff han badhe hws oc iordh
swa at rät äghande fik litith til sit bordh
hafdhe then herran hälder warith swa wiis
oc giffwith ey sina radhgiffwara swa mykin priis
65 vtan hälder hafft thz til sin eghin kost ⌜most
tha matte han ther aff än drikka badhe wiin oc

Nw wil iak miin ordh om wända
thy at iak wil thetta rasklika ända
oc wil iak idher nw thetta thydha
70 än i wilin miin ordh märkia oc lydha
Then ädhla lund menar iak mz swerikis land
som nw haffwir warith i hardhin band
the swensko herra oc wälborne män
the koma siin ordh nw ängin stadh fram
75 fore the starka thydhiske tungo
the wilia forthrykkia badhe gambla oc vnga
konung albrikt then höffdhingia menar iak mz
honum thokte thetta alt wara wäl
at swänske riddara skullo honum thiäna
80 oc skullo enkte fanga til löna
tho at the misto badhe sadhla oc hästa
han wille them enkte giffwa til nästa

tho at the fortärdho badhe hws oc iordh
han gaff them enkte til sit bordh
85 han kom aldre swa arm aff thydhisland
hafdhe han et swärdh wti siin hand
kunne han danza springa oc hoppa
han skulle haffwa skällo oc gylta klokko
oc ther til hundradha lödhigh mark
90 thy at [han] war komin aff byrdh swa stark
tho at han hafdhe til fadher en skinnara eller smidh
thy at the thorffwo alle frändrena widh
the taldo han genast til sin nästa frända
än tho at the han aldre kändo
95 the släkt war wordhin om sidher swa stark
han fylte i swerike badhe skogh oc mark
Mz thässe owirmärkis kryde
som wäl smakar i bikara oc gryte
ther menar iak mz fläsk smör oc ost
100 swerike war et ädhla land til kost
thz haffwir os giort the fäddara oc oma
swa at alla äru taskor oc wisthws toma
Nw hwath iak menar mz then hagha
oc hwath the ädhla stena haffwa in at dragha
105 ther menar iak mz badhe kopar oc iärn
ther haffdhe herran aff badhe störk oc wärn
han hafdhe ther aff badhe silff oc gull
tho at han wille haffwa kistor full
för än thz swa illa fordarffwath war
110 badhe lönlika oc swa oppinbar
then herran matte vndirlika om nätter dröma
tha han kunne ey tholik äro göma

Mz thässo grymmo diwrin wredho
som sarlika waro sinom herra til ledho
115 the haffwa bykt i hans bryst swa stark en borgh
som daghlika ökir nw hans sorgh
the thänkte lata een mwr omganga
han haffuer aff daghliga storan twanga
haffde the häller i tysklande bliffuit
120 oc ey om swenska herrars godz kijffuat
swenske män hade honom lyd oc sätt
haffde han them holdet wid lijka oc rätt
ey haffuom wij ther opta hort
at swenske män haffua sit fäderne i tyskland for-
125 thz skulle han förra at thänkia ⌊giort
han lät tyska frwger C [100] lödug mark i nötter
märker til sielffua hoo the ära ⌊skänka
iak talar opa inga frwgers ära
frwr oc möör them bör mik prijsa
130 i min dijkt oc mz min wijsa
i min rijm oc i min sang
är hon i sit hionalag fijn
i himmerijke bär hon mz englom skijn
är hon oc sin herra hul
135 i himmerijke bär hon krono aff gul
Mz the leon oc swa pantere
meenar iak hans radhgiffuare oc andra flere
som haffua forradhit sin rätte herra
mz thera radh oc thy är wärra
140 han gaff them alt for stora gälde
at han behölt iw sielffuer the minsto wälde
sölff oc gul bade dysing oc smijde
oc bondans häst altijd at rijde

swenske herrars godz idkelige skatte
145 the reffwos ther om som andra katte
thz reff år them gangit til leda
thera egen nakka monde thet bereda
Mz thessa wlffua oc grymma biörna
som altijd waro rede at törna
150 ther meenar iak mz hertuga oc greffua mz sin fijkt
i swerige thänkte at läggia samman rijkt
hwar the kommo i bondans huus
the leffuade hwarken maat eller lius
the fordarffuade badhe höö oc korn
155 röffuade bort sölff kläder oc diwrshorn
the lato til stocholm mz slädom köra
sidan til tyskland mz skipom föra
gud oc sancte eric them sände een näffst
at the torffua ingen läkiare vtan prest
160 Jak wil idher thydha aff then rääff
som wäl weet badhe hool oc grääff
ther menar iak mz then legodräng
som haffuer fordarffuat badhe aker oc äng
the wilia alle til hoffua rijda
165 widh bondans kornladu at strijda
fik han eena kogerbysso oc pijla vti
tha skulle iw bonden til skogen fly
spangat bälte oc krusat haar
rostad swärd oc staalhandske widh hans laar
170 rijdher i gardh oc gar i stuffua
sidan wil han fatiga bondan truffua
hustru huar är tin vnga höna
then skal tu ey länger for mik löna
ligger hon sik i bänk eller pall

175 bär henne fram oc äggen all
hon sitter ey sa högt a rang
iak slar henne nider mz min spiwtz stang
haffuer tu ey meer än ena gaas
then skulom wij i apton haffua til kraas

180 han beder vptända fempton lius
han drykker oc skrölar i fullan duus
thz monde the edela bönder söria
at legodrängiar skola tolkin leek vpböria
hans brede timp thz war hans lad

185 hoffman oc knape war han i stad
han saa högt oc blijgade breet
som han hade supet heet
gudh giffue edela ffrw drotning ära
hielpe ther til at them matte galgan bära

190 later läggia a reep oc herda a fast
wända tijt knuten som ladet brast
Edla herrar i swerige rada
wilde the lyda mine rada
legodrängia i fyra lute skipta

195 iak wille vnderlika thera hoffue lypta
förste lata sända til greep
then andra skulle the offra til reep
tridie skulde tha bondanom thiäna
oc ey länger sina frändir röffua äller räna

200 fierde matte tha rijda til hoffua
sidan matte bonden gudi loffua
at i swerige war kommen then sid
at hwar komme ater til sin egen idh
thz thotte then herran at löije wära

205 at bonden kom fram med sina kära

söte herra konung i skipen os rät
Ik kan trowen nicht beter leue knecht
thetta fingo the tha alle til boot
ty gik then herran mykit i moot
210 hadhe han sina radhgiffuare bätter tämpt
tha matte han än sin wilia främpt
haffdhe han lyt sweriges wälborna män
han haffdhe warit i swerige än
oc hafft ther badhe frögd oc gläde
215 thz han wilde aket i forgyltom släde
the gerna vnder hans fötter silke breda
til thes at the skullo ey rädas hans wreda
the tyske herrar woro moot su stärke
iak troor thet kom them somplika til wärke
220 gudh giffue them glädi for vtan ända
som allan ofrid wille fran os sända
til at fanga dygd oc ära
som sweriges almoge haffua kära
iak bedher idher alla mz gamman
225 som thetta hören i sägen alle Amen

*(De 116 första verserna äro tryckta efter
Kongl. Bibliothekets handskrift med gammalt märke
(Antiquitets-Arkivets) D 4. De följande, 117—225,
hvaraf nu mera ingen handskrift finnes, meddelas
efter Messenii aftryck 1616; han har följt en annan
handskrift, hvari skiljaktigheterna dock varit af
ingen vigt. Några jemkningar äro gjorda för att
rätta det moderniserade aftrycket.)*

Lilla Rim-Krönikan.

* *(Efter codex Verelianus i Kongl. Bibliothekel.)*

Erik första göta konungh 490

Jak war första göta konungh i göta land red
tha bode enghen i skana eller wetalaheed
jak lot then försth bygga ok optaga
5 thy bör them skatta göthum alla daga
the öya heta tha wetalaheed alla
som man nw siäland mön fiwm laland oc falster
tha liffde sarugh gode madher   [kalla
abram patriarchas fader fadher
10 i göta land endadis mith liff
aff allers soot oc ey aff kiiff

Goderic ericsson som kallas theodoricus

effter myn fader fik jak göta rike
thy skulo alle for mik wike
15 jak slo oc van mz min starka hand
alla herra ok rike nordan grecara land
huar then kempa jak sporde oc fan
mz starke jak them öffuer wan
konungh hercoles lot mik sin syster giffua
20 at jac ville honum ey aff greken driffua
än endadis i göta rike mith liiff
aff allers soot oc ey aff kiiff

Philmer store theodoricus son kallader ok vilkin

Jak hiolt effter min fader alla hans land
25 ok wan ther til mz manlig hand
greciam macedoniam pontum asyam oc yliricum
oc drap egipti konung hin starka vesosum
hernit rytza konung twang jak oc tha
mik at skatta men han liiffua ma
30 sidhen aflade jac eth sinne
widelandz fader fader mz en märinne
än endadis i göta rike mith liiff
aff allers soot ok ey aff kiiff

Nordian Philmerson

35 skam är mik men jac ma liiffua
jak lot mik swa aff götland driffua
hernit rytza konungh giorde mik thz men
oc länte mik vetalaheed igen
oc lot mik ther mz nadom bliffua
491 40 ok tiäna hans son men jak ma liiffua

Hernit fempte göta konungh

Jak är skild aff all min nödh
philmer starke är nw död
götaland vil jak min son giffua
45 ok nordian hans son ther vthdriffua
swa far jak ather j rytzen igen
beskerme han götaland sidhen fore men

Osantrix hernitson

Attilius konung lot lokka min dotther fra handa
50 ok giorde mik sidhen myken wanda

ok stridde mot mik mongen stridh
til wlfard kempe drap mik om sidh

Hernit hernitson

55 Effter min fader brodher ärffde jak götaland
oc wan britaniam mz min hand
oc drap konung ysag oc hans sönir nya
the starkastä kempa man viste aff sigia
fasholt oc detleff mz saman kempa
60 ok manga flere konung tydriks kempa
ok fik the saar aff thera hand
at jak do ther aff i götaland

Frode hernitsson

Jak ärffde effter min fader hans landa
65 oc beskermade them fore orät oc wanda
engen torde öffuer laghen trätta
huo thz giorde them lot jac rätta
thy är än nw en ordsidh
far väl ok stat j froda fridh
70 oc endadis j götaland mit liff
aff allers sot oc ey aff kiiff

Vrbar frodeson

Jak bode i göta rike mz frid oc roo
til thess jak j vpsala doo
75 mina tre sönir lot jak min land
dan fik jak vetalaheed i hand
min norraland fik jac nore
ok östen stander gotana fore

ysraels kon*ung* dauid prop*he*ta
80 war i min tiidh huo thz vil wetha

Östen vrbarss*on*

Eff*ter* min fad*er* fik jak götaland radhä
ok liiffd*e* mz spekt ok nadä
til allers sot giord*e* mik oro
85 swa at jak j vpsala do
jak radde ok norge i t*h*en stu*n*d
ok fik t*h*em til kon*ung* swerre mi*n* hund
thy thä slogo min brod*er* wtha*n* skäl
ok fle*r*e thära höffdinga j häl

90 Solen östenss*on*

Eff*ter* min fad*er* ärffd*e* jac göta rike
tha thäkte mik enghen wara mi*n* like
min*a* men giordo mik eth par
the drenkte mik i eth miöda kaar

95 Swärk*er* solenss*on*

Jak ärffd*e* götaland eff*ter* min fad*er*
ok war tha then starkasta inadher
til mi*n* alboga i en helan sten
slo jak mi*n* hand vtan men

100 Valand*er* swerkersson

Götaland jak eff*ter* min fad*er* ärffd*e*
oc myky*n* sigher ther til värffde
alt til jak ko*m* j then nöd
at inara redh mik til dödh

105 Visbur valandersson

effter min fader jac göta styrde
til thess mina sönir mik illa myrde
at the riket thess raskare vinna
brende thä mik oc mith folk ynne

110 Domalder visbursson

götaland jac effter min fader fik
ok radde til thess mik swa gik
at jac offradis ceres sädagudi varom
for almogans nöd aff hardom arom
115 tha brendis jac i asko oc glöd
mina egne män giorde mik then nöd

Domar domaldersson

Jak vart konung effter min fader domalder
ok do i göta rike aff rettom alder

120 Attila domarsson

Sidhen däner drapo min frända haldan hwittben
tha twang jak them til skat jgen
ok fik them min rakka til herrä
sidhen waro thä än verrä
125 tha fik jak them lääss herde snyo
han war thera konung til thess han do
Jak betwang ok alemania land
ok mang flere mz mina hand
än endadis i göta rike mit liiff
130 aff allers sot vtan kiiff

Diguer attilasson

effter min fader wthan qwala
war jak konung ok do i vpsala
mik skattade danmark ok flere land
135 som min fader van mik til hand

Dager diguersson

Jak vil oc skat aff däner taga
som mina foraldra j thera daga
the bewiste mik otro i then stad
140 the drapo mik vidh wapnä vadh

Alrich dagersson

eth vnderlikit rykte i min tiid giik
at en jomfru en son i betleem fik
min broder eric giorde mik oskäl
145 han slo mik mz eth betzell i häll
thy han then awnd mote mik bar
thy jak konung effter var fader var

Jngemar alrichsson

Huat min hustru ther til trängde
150 mz en gylt boya hon mik hengde
A agnafit ther stokholm staar
som eth fiskare läghä förre var

Jngelder ingemarsson

min broder giorde mot mik ey wäl
155 thy jak vart konung slo han mik i häl

Jarundh ingeldersson

Jak twang ok däner vnder skath
oc trodde them sidhen alt aff rat
ok sendä götha hem til landa
160 thy giordo däner mik then vanda
thä hengde mik wid ödda sundh
vid limfiordh mz falske fundh

Hakon ringe iärindsson

Jak haffuer hempt min faders död
165 a däner ok giort them nödh
jak drap konung harald hildetan
ok konung ebbe aff friisen mz xxx^M friborne män
a brawallaheed j wärend vid skattaleeff
starkkare mz mik then manhet bedreff
170 ok for konung jac däner leeth
ena mö som kallas heet
aff aldre skulle jak j vaggo leggias
ok som barn mz hornspena deggias

Eric vendilkraka hakonsson

175 nyo hoffwd strider kunne jac bestanda
för jac wan min swen daanda
oc ey för eth oskälikit diwr
mik stangade j häl en galin tiwr

Oktar egilsson

180 min broder faste giorde ey väll
thy jak vart konung slo han mik i häll

494

Adell oktarsson

Jak offrade gudha som tha war sidh
j thy störthä jak död aff hestin nid

185 ## Osten adellsson

Jlla giorde mina män thz sinne
mz mit dagliga folk brende the mik inne

Jngemar östensson ok kallas aff sommom knut

Jak war en mäktig heled stark
190 ok wan vnder mik alt danmark
sidhen drapo däner mik mz falska fundh
pa lagundöö wid belte sund

Bretimunder ingemarsson

Effter min fader ingemar
195 jak i götaland konung war
ther aff wart sigerd min broder wred
ok drap mik j näreke wid hagahedh

Jngieller bretimundersson

Jak räddis jwar konung skulle mik vinna
200 thy brende jac [mik] sielffuer jnne

Olaff trätälie

Jak styrde göta lenge ok wäl
ok hiolt them wid fridh oc skäll
sidhen gik mik som flestom falder
205 jak do i vpsala aff rettom alder

Jnge olaffsson

Jak bleff konung effter mins faders tiidh
til thäs jak draps j enne stridh

Eric väderhat jngielsson

210 Jak het fore thy väderhat
at jak fik bör altiit rat
ee huart jac min hat vende
mina guda mik bör strax thädhen senda
Jak twang swen twäskäg wike
215 ee men jak liffde aff danmarkx rike
j götaland endadis ok mit liiff
aff allers sot wtan kiiff

Anund slemba

Jak giorde som en owiis faane
220 jak lade raa mellan swerige ok skana
thz angrade mik sidhen swa tiida
ty vilde jak mz däner strida
j skana vidh en bro kallas stonga pelle
jak ok fleste minä tiänere ther fyelle

225 ### Eric amundsson siger sääll

Jak kallas ty siger sääll
j örlög lykkadis mik altiit wäll   495
estland liiffland kurland ok finland
wan jak alt mz sigers hand
230 ok hadit wnder götaland j mina daga
til alder monde mit liiff aff taga

Stenkil eriksson

Jak var then förste i swerige hendä
aff konunga til cristna tro wenda

235 swa togh min almoge thz at lasta
ty monde jac trona kasta
tog nögdis almoganom thz ey wål
vthan slogo mik tog i håll

Olaff skot konung eriksson första cristna konung

240 Jak varth konung effter min brodher
j cristna tro stadug ok goder
Jac döptis aff sancti sigfrid hand
j enne kello j västergötland
sigfridz kella vid husaby
245 swerige cristnadis mäst i thy
Effter gudz byrdh xi^c ok viii aar
femptonde dagen i februario var
j vpsala enddadis mit liiff
aff allers sooth ok ey aff kiiff

250   Amund kolbrenna olsson

folk kallar mik kolbrenna thy
at hwar saker fantz i nogrom by
lot jak brenna wåggia eller tak
effter hwars thåss brotlig sak
255 sidhen giorde iagh båtther lag
ok do aff alder wtan slagh

Hakon röde

J swerige jak en konung var
ok radde ther i trättan aar
260 jak jorddadis i sama by
som jak war födh j liwiny

Stenkil skotkonungx systhersson

Jak var en mäktig kempe stark
ok van tre strider j danmark
265 then bästa skytta war jak tha
skotmerken än i vestergötland sta
oc do sidhen aff enne soth
som enghen kunne radha mik bot

Jnge

270 Jak radde swerige mangan dag
ok giorde aldrik mot sweriges lag
jak van fäm strider i skane land
ok hadit try aar i mina hand
en nat the mik i min seng myrde   496
275 westhergöta mik sidhen til warnem förde

Halsten jngebroder

Jak konung halsten inges broder
var altiit spaker ok goder
til godo vende jak saker allä
280 ty gaffwos swenskä aff mina frafalle

Philpus halstensson

fulleliga var jac faders like
til rätuiso ok dygd i swerige
thy thäkte the swenska ey mindre nöd
285 aff miin än aff mins faders död

Jnge philpusa brodher

Jak radde swerige effter min brodher
ok var altiit swenskom goder

j vrätha closter lot mik forgiffua
290 then mik ey vnthe lengher liiffua
j telghe ragnild min hustru ligger
jak tror hon mik nad aff gudi tigger

Ragwal knaphoffwdh

Ösgöta mik til konung högde
295 ok flerom swenskom ther til nögde
Jak tröste jac war stark oc stoor
wtan gilz i västergötland foor
the sak gaffuo the mik j thy
the drapo mik j karllaby

300   gambla swerker

Sidhen ösgöta hade mik til konung sat.
myrde mik min stalswen om jula nat
j aluaster closter mina mik lade
som jak sielffuer stiktat haffde

305   Sancte eric jäduarsson

Magnus henriksson tok illa like
thz jac vart konung i swerige
mz en här han aff danmark drog
ok mik i häll i vpsala slog
310 Effter gudzs byrd xi^c lx aar
a helga likama dag thz war
jak takkar nw gud i hymmerik
före then nadh han giorde mz mik

Karll gamble swerkersson

315 thz matthe enkte hielpa mik
jak valdis konung fore sancte eric

thy vnte jak magnus henriksson väl
at han slo sancte eric i häll
ok for then sama mon
320 drap mik knut ericsson
effter gudzs byrd xi^c lx viii [1168] aar
pa visingxöö thz var

Knut sancte ericsson

Jak drap konung karll i visingxöö
325 thy han stadde til' min fader skulle dö
konung kol ok konung Risleeff
beggis thera liiff jak fordreff
Swerigis konung jak sidhen var
fulmäktigh j try ok xx aar
330 aff sot jac j gäsene doo
ok lagdis j warnem til roo

Swerker konung karllsson

Jak styrde swerige mz rät ok spekt
til täss min mag aff folkunga släkt
335 sampnade sik folk mik til men
ok drap mik vid gästilreen
Effter gudz byrd xij^c x [1210] aar
j aluastra jak begrauen var

Eric knutsson sancte erix sonasson

340 Jak var j norge iij [2½] aar
thz sin jac aff swerige vtdriffuen var
sidhen van jac thz mz swerd igen
oc raddit j vij aar wtan meen

aff sot jak i visingxöö doo
345 ok lagd*is* tha i varnem til ro

Jon vnge konu*ng* swerkersso*n*

J barndom jac til konu*ng* vald*is*
ok iii aar a visingx öö dwald*is*
ok sot do th*er* eff*ter* gudz byrd xij˝ xx [1220] ar
350 ok j aluastra closth*er* jac jordad*er* var

Eric eri*csson* lespe

mi*n* mag aff folku*n*ga knwt
dreff mik m*z* stridh aff swerige vth
mik lykkad*is* then and*ra* stridh bät*er*
355 jak d*ra*p hono*m* j sparsäter
ok bleff sidhen konu*ng* i goda ro
til thess jac aff siwkdom do
eff*ter* gudz byrd xiij˚ [1250] aar
a kyndelmesso dag thz var

360   Valdemar b*irge* jerllss*on*

498 Eff*ter* gudz byrd xiij˚ i [1251] ar
jac j lynköpu*ng* cront*er* var
Jak giorde sidhen so*m* daro*m* lyst*er*
afflade barn m*z* *m*ins hust*ru* syster
365 ther aff tok mi*n* brodher til felle
ok dreff mik aff mith wälle

Magn*us* ladulaas

Jak van mi*n* brodher aff konu*n*gxlik makt
for then sak han sielffu*er* hau*er* sakt

. 370 Almogen mik thy ladulaas kalla
jak fridade rika oc fatoga alla
ok bad töm setia knap fore lada
ok fructa sidhen engens skada
Jak radde swerige xiii aar mz ro
375 til thäss jac a visingx öö do
effter gudz byrd xii^c xc [1290] aar
[sidhen thädhen till Stokholm burin war]

birger magnusson

Jak swelte mina bröder til död
380 thy dreffs jak aff rikit j nödh
ok matthe jn j danmark fly
ok do ther j ringstada by

Magnus hertig ericsson

Effter gudz byrd xiii^c xix [1319] ar
385 jak triggia ara til konung valder var
norge skane ok got land
komo mz swerige j mina hand
Jak giorde tha som en fane
drak borth flere land mz skane
390 thy varth jac gripin vid östenbro j strit
manedagen effter jnuocauit
effter gudz byrd xiiij^c xv [1365] ar
siw aar jac sidhen fangin var
ok sath i stokholms kerno j hektä
395 til konung albrekt swerige bekräkte
osin kom jac til norge aff swenska jord
ok drunknade wid liungholm j bömilfiord

Albrecth måkilborgh

Jak lönthe the swenska mz sorg
400 thz the mik hente aff måkilborgh
sancte andres dag effter gudz byrd xiiijᶜ xiii ar
jak j stokholm hyllader var   [1363]
thyska fik jak land ok sloth
ok hiolth swånska jo fore spot
405 ther til vilik aff frålssit haffua
huar tridia gard til ena gaffua
thy vart jak gripin j stridh
pa falana sancte mathei tiidh
effter gudz byrdh xiiijᶜ xxxviii [1388] ar
410 vii aar jak ok fangen war
j drötningh margretes hekte
til hon alt swerige bekråkte

499   Drötning margareta

mik vndrar hwat alla dåner haffua giorth
415 men thz år ey förre sport
ath the kunde swerige winna
nw haffuer jak dansk qvinna
thz fangit mz min kloka radh
ellest hadit ey at vinna stadh
420 jak mente ok swa holsten vinna
swa do jak j flensborgh thz sinne
effter gudz byrd xiiijᶜ xii [1412] ar
[dagen för simonis oc jude apton thz war]

                Eric aff pomerin

425 Effter gudz byrd xiijᶜ xc vi [1396] ar
tha jak nio ara gamal war

hylladis jac til konung a mora sten
sonnedaghen effter magdalen
öffuer alla thenna try ryken
430 the ärade mik margfallelica
ther mot tänkte jac j alla stund
them fordarffua j grundh
mz lankt skrympt örlög herradaga
mente jac töm j fordärff draga
435 thz lido the väl vid xl ar
at jak fulmäktig konung var
sidhen dreffs jac aff thenne iii rike
ok nöddis in j pomeren wike

Cristofer

440 Jak var en hertig j beyareland
tha jac fik thenna iii rike j hand
effter gudz byrdh xiiii⁰ xli [1441] aar
tha jac j vpsala crönter var
jac vörde ey huat jac fordreff
445 mz ord löffte edher eller breff
hadic ey swa raskalika bliffuit död
jak mente komit rikin j större nöd
thy war engom man til sorgh
at jac do swa brat a helsinghborgh
450 Effter gudz byrd xiiii⁰ xl viii [1448] ar
pa helga iii konunga apton thz war

Tillägg.

1.

(Efter en ung handskrift i Kongl. Bibliothekel och Messenii upplaga 1615; med jemtad stafning.)

Carolus

Jak är födh aff konunga släkt
j sweriges rijke som gudhi war täkt
man skreeff tusendh fyrahundrade och sa
5 fyretijo otta monde wara tha
hyllades jak pa morasteen
petri pauli affton aff sweriges gemen
nordmen mik tilsadhe trogne och hulle at wara
thy reedh jak gönom wermalandh vthan al fara
10 j biscopshammar the mik ater hyllade
och til sin konung gijllade
elfua tusend jomfruers affton thet hände
gudh giff til lycko och godh ende

2.

(Efter en pergamentrulle i Upsala Bibliothek, Nordinska samlingen.)

Konungh Karl

Jak bodhe mangh aar i fwglawyk
iak war ok ey än mästha ryk
tha iak war paa myn mydhio aller
5 tha war iak i swärie til konung waldher

swänske män giordhe myk stor ära
the wnthe myk swäries krona at bära
thz war tha sommom illa ather lönth
iak tror annars ey än the haffwa thz rönth

10 tha jak mundhe swärie ath fongha
tha tog mik sydan äpther danmark longha
swa länge til thes iak motthe när mith eghith land
jak sculde mik for te iii ryke wäria lfordärfwa
iak motthe mith egith landh forgästha

15 mz mikith folk ok margha hästha
iak fördhe ok örlogh ok hardhan gny
thes iak fan swlth i hwarghom by
thil riddharskapith satthe iak fögha troo
thz war mik syälff til en stor wro

20 iak menthe ath göra mik rad fulgoth
fathigha swäna fik iak land ok sloth
ryddherskapith gyk fast wthen widh
thz war ok tha en siälsyn sidh
iak giordhe ok som en fane

25 iak fördhe örlögh in i skane

(*Möjligen felar slutet.*)

3.

(*Efter en handskrift i Upsala Bibliothek, n. 48 bland lag-codices.*)

Carl Knwtson

Jak radde ok swerige mz liten ro
thy swenske men woro mik otro
the dryffwo mik wth then danska införde

5   han lönte them thz som them wäl hörde
mz fengilse olagh ok storan skat
betwang han them bade dagh ok nat
sidan toko the mik i rikit ather in
ok bliffwo alt wid sit gambla sin
10   the falske mik monde mest mote wara
the monde fleste alle illa fara
i stokholm jak do mina redho iak fik
milla gudz miskund miskunna mik

4.

(Efter en handskrift i Upsala Bibliothek, Nordinska samlingen n. 9 i folio.)

Karl Knuttsonn

Effter Christoffer iag konung blef
i Suerige och sedan konung Christiern fördref,
som begynntte här effter längta och trå
5   att han motte Suergie vnder Dannemark få
Jag lade mig winnig om all tidh
att Suergie måtte blifua i roo och fridh
meen der öfuer hafuer iag till att klaga,
som Suenskoms sinne hafuer warit alla daga
10   ostadige lättferdige och full med otroo
tett finna the konger hoos dem boo
The Suenska wela alle herrar wara,
och ingen will vnder börden bära
Alle wele wara like godh
15   förtrycke der med mångt rettferdigt blod.

Alltt nykommit hoos dem welkommit är,
och hafue sedan så liten stund kär
Jag hafuer försöcht så margelund
Otroo och falskheet i alle stunnd

5.

(*Efter en handskrift i Upsala Bibliothek, Rosenhaneska samlingen n. 24 i folio*)

Kong Karl Knutzson

Jagh infödd marsk i swerie war
och fulmechtog kongh iag crono baar
Jag förde i riiket myckit bong
5 medh olaga skatta giorde iag mongom tuong
Mina fougdter wore wronge och orettwijse
the twingade många vthan nådh och lijse
I skåne iag brände och skinnade myckit
jag giorde them meen, som lithedt hade brutit
10 I 7 åår bleff iag till Pryssen vthdrifuin
Jag kom sådan hem till Stocholm och wart för-
vnder then tijdh iag war af lande   lgifwen
kom här in kong Christiern vthan wånde
Efther Gudz börd MCCCCL åår
15 then stund och tiidh mitt Regemente war
Jag war till i then samma tiidh
när kong Christiern emoot mig förde stridh
Han giorde här i riiket myckin skada
hans hoop rymde för mig många stada
20 I then tiidh kom bortt frå Swerie Gottlandh
thett giorde her Ifwar Axelson med listig handh

Kong Christiern Botnalöös taska

Jag lockades af biscopar här in i riiket mz bod och bref
frå Danmarck till Swerie iag med mitt härskap redh
25 Jag crönthes i riiket och war fwll from
så lithet actade iag then Gudz rättwiisa doom
Thett war then ähra iag erchiebiscopen giorde
för thz han mig till konung smorde
jag grep honom och af landet föra wille
30 Thett lijkade biscop Kätill j Linköpung myckit illa
at hans erchiebiscop och goda frände
sådan försmädelsse obrotzliga hände
ty reeste han stoor här och slog mig aff
på Häråkra thett skedde första sommar dagh
35 efther Gudz födilse xiiij^c år
lxiiij som här schrifuit ståår
Rijkesens förståndare war biscop Kätill thå
the danske måtte till Danmark både löpa och gåå.
Framdeles efther gudz egen wilia
40 kom döden och monde mig hädan skilia
frå all 3 rijken och godz på jorderiik.
Gud gifue min siäll glädi i himmelriik.

6.

(*Efter senast nämnda handskrift, som här har anteckningen:* Aliter secundum recentiorem chartam.)

Carll Knwtsson.

Effter jagh rijkssens föreståndare lenge war
bleeff jagh Swerigis konungh effter Christoffer
                 samma åår,

Når Gotlandh kom thå ifrå Swerige medh Dan-
skes bedrägh
5 strax bleff jagh konungh j Norige med swård
och krijgh
Danske kongh Christiern then förste jagh mong
strid aff wandt
och dreff honom frå Swerigis och Norigis landh
I min fridz tijdh leet jagh mykit till Gudz
tienist lagha
och leet Wastena clöster medh kopar öffwerdragha
10 till thes erchebiscop Jöns leet migh vthlendes.
drijffua
att jagh motte i Pryssen lenge landzflychtigh blijffua
Medan leet erchbiscop Jöns konungh Christiern
medh orått
till Swerige kalla igen medh fart (?)
och honom till swerigis konungh låt göra
15 ty låt Christiern honom till Danmarck föra
Thet förtreet biscop Kådil och dreff Christiern
aff med alla
och låt så migh iffrå Pryssen kalla
Sedan war jagh regerande konungh medh roo
till thess jagh i Stocholm i May månadh doo
20 effter Gudz börd MCCCC LXX åår
vthi Swartmuncka Clöster jagh begraffwen war

Steen Sture. Ex recentiori Charta.

Swerigis föreståndare jagh allena bleeff
Danske konungh Christiern jagh frå Swerige dreeff

25 Medh alles ynnest jagh effter laghen styrde och
giorde
thet leed icke konungh Hans eller Rysserne, thå
the thz sporde
Men iagh öffwerwant konungh Hans medh strijdh
och her Swantte slogh Ryssen på samma tijdh.
Thå någre otrogna begynte kong Hans till Swe-
rigis tagha
30 monde iagh honom slet iffrå Swerigis föriagha
I Skofflenga Rydz by jagh förgiffuin war
Sedan jagh hade regerat i 30 åår.

Swante Sture.

Effter her Steen the migh till rijkssens före-
ståndare giorde
35 vthi fridh jagh regerade effter laghen som migh
borde
Jagh lätt Åche Johansson slå the Danske på
Westgöta sijdha
Hemmingh Gadd halp the Lybiske moot Dan-
marck strijdha
När jagh hade landet regerat i otta åår
i Westeråårs jagh dödde och begraffuen war

40 ### Steeno Sture Iunior.

Effter min fader jagh rijckssens föreståndare war
erchebiscop Göstaff ther widh affwnd bar
ty förde kong Christiern krijgh på migh omsijdher
ther jagh bleeff slaghen effter 8 åårs tijdher

45 Sedan krönttes han till Swerigis konungh på
samma stundh
och brwkade strax thz första tyrannij, som en hundh
hwilkit nogh är besport i all landh
och barnabarn weta aff seya, bode qwinna och mann.
Post hos seqvitur Rex Gostauus cum suis filijs.

— — · — — —

7.

(*Efter Hans Bosons afskrift 1584, nu i Lunds Universitets Bibliothek.*)

Konnung Karll.

Åhr effther Christi födelse tidh
fiorthon hwndrade fyretiyo och otte then ridh
jag till Swergis konnung crönt med ärhe
5 århett ther effther monde iag norges crono bärhe
Men Swerge radhe iag med lithen roo
ty swenske män wåre mig otroo
Then archiebiscop Jöns then otrogne man
wpwechte emot mig med long osan
10 The dreffwe mig wth, konnung Christiern införde
Han lönthe them som thz wäll till hörde
medh fengelse, olag och storan skatt
betwang han them både dagh och natt
tog och archiepiscop Jöns och flere till fånge
15 ty fwlle the swenske honom ifrå samme gånge
och finge till honom stor mishag
för swåran skatt och mykin olag
som han brukadhe i samme sinn
Ty kallade the mig åther i Rijchet inn

20 ifrå pryssen ther iag stad war
men när iag kom mötthe mig krig wppenbar
aff the falske som mig emot monde wara
men the mondhe mest alle ille fara
Annan gången moste iag wiche
25 till Findland och måtthe ombära mit Rijche
The wnthe mig mitt sloot hether Raseborg
ther leffde iag med stor harm och sorg
Sedhan thz i theras store nödh händhe
att the budh effther mig sändhe
30 Jag kom, och the anammade migh
för theras konnung gladeligh
Sedhan påå Stocholms sloot iag soot doo
Gwdh förläne mig enn ewig lijse och roo.

Her Sten Sture then Äldre

35 Konung Karls i Swerge och Norge syster sonn.

Effther konnung Karll min moderbroders dödh
som mig i sin liffz tid radde och bödh
ey anamme konnungs nampn och ärhe
wthan haffwa till warning och lärhe
40 hans regemente fast beswärlighe
bleff iag aff Rigesens ständer endrecthelige
wthwald till Rigesens gwbernator och regent
Thes till gang och wälferd iag söchte iempt
och med trohet ther effther lenchte och törste
45 såsom en mild fader och förste
Och thå konnung Christiern then förste i Danmark
kom här in wäldig och stark

monde iag påå brunchkeberg med hwg och slag
såå wise aff honom till sorg och mishag
50 att han sielff bleff såå aff brender
thz honom slogs aff munnen någre tender
och han sampt med sin hele Jwthe hopp
gåffwe fluchten, med en sorgelig ropp
till theras skeps flåthe, ther mongen dansk man
55 bleff slagen, drucknatt och fick rätt skam
Sedan drogo the till Danmark igen
lychen och sägren beholle swenske menn
Ther effther lätt iag bygge ny slott
her Erich Axelson som menthe Swerige goot
60 bestelthe thet till landwern för Saulax boor
för Ryssens indfall stor
åhr effther gwdz byrd skedde thett
fiorthon hwndrat siwtiyo och siw ther med
Jag sände och in i Ryssland
65 min här som med krighende hand
togo in Narffwen slot och stad
och fingo ther stor bythe sig till behag
drogo såå till Swerge igenn
med enn hop Rysser quinnor och menn
70 Thåå thz war skedt förtrött Storforsten thett
ty sände han sin här ther mongen Baior war med
in i Findland och drogo in för Wiborgs stadh
ther monde Knutt Posse them itt ondt quastbad
såå tillredhe att han gaff them enn small
75 thet the fwllo alle ned och skwthos i hiäll
med en kniff halsen wthaff hwar
att the lågo ther alle döde qwar

Sedan stod mig emot archiebiscop Jacob
sampt Rigesens råd, som sitt lidt och hop
80 satthe till konnung Hans i Danmark
som här thå war kommen fast stark
Med honom och hans folk samme tidh
holt iag wid Rothebro en hård stridh
ther sägeren gick ymsom aff och till
85 Bleff iag sedan såsom then ther nödigt will
aff Rigesens råd öffwer talat sää
att iag mit samtyche ther till gaff thå
thz konnung Hans skwlle konnung bliffwa
och han ther till sin eedd och lyffthe wille giffwa
90 att han wid Calmare recess bliffwe wilde
och stää Rijchet wäll före och iche ilde
Men sedhan han effther sin Croning ey holt thz
wthan stor swech och falshet fandz ther med
ty wpsadhe the honom theras troskap
95 och tilschriffwe honom wppenbare fienskap
Sedhan togo Rigesens rad och män
mig för theras herre och regent igenn
loot sää all slot bestelle
och fick them in pää en kort tid med alle
100 Drog sää för Stocholms stad
fick och thz in effther mitt behag
Med drotning Chirstina konnung Hanses förstinna
som thå hade slotthet inde
giorde iag then dagtingen sää
105 att hon och hennes folk måtthe aff gåå
med sää mykit som hon och the alle
till nödtorfft pää wägen kwnne tillfalle

Thå iag såå Stocholm hade in fååt
giorde thz konnung Hans slätt inthet gååt
110 som thå i schären med sin flothe kommen war
Thå han thetta fick höra war han snar
att draga till Danmark igen.
men iag folde sedan såsom en wen
drotningen här aff landet till Jönekiöping stad
115 ther aff hennes doctor förgiffwen bleff iag
och fick ther aff min död
Ther öffwer the swenske komme i sorg och nödh
och förde mig först till Stocholms stad
Sedan till Gripsholms closter, som iag
120 stichtat hade till min lägerstad och roo
mig sorgde alle the i Swerige boo
effther gwdz byrd femton hwndrade åhr
och try ther till, som thz schriffwit står.

Her Swante Stwre Sweriges Rijches förste
125   och gubernator.

Åhr effther Christi födelse tidh
fempton hwndrat och fyre i then rhidh
bleff iag wthwald till Rigesens regent
som med trohet och flijt söchte iempt
130 thes nyttho wälferd och ärhe
Ty monde iag therföre omsorg bäre
att indtaga wnder Rijchet Calmare igen
som thå inne hadhe kongh Hansses men
Thz sloot iag inkrächte och wandh
135 gönom doctor Hemming Gadd min troo mandh

och åndoch konnung Hans ladhe sin win
gönom dagtingan att komma sig ther in
monde iag thå thet rådh och dådh
förhindre och affwerie gönom gudz nådh
140 till thes iag soot doo påå Westeråss slot
mig sorgde swenske män att iag såå brått
föll them ifrå gönom dödzens bandh
som allom åhr öden både till wattn och land
femtonn hwndrade och tolff åhr
145 effther gwdz byrd doo iag som schriffwit står

.

Vnghe her Sten Stwre, her Swantes sonn.

Århet effther min faders dödh wthwaldes iag
till Rijgesens regent, och thz med rätt och lag
regeradhe och såå förstod thett
150 att swenske män wäll ynthes ther medh
såå när som archiebiscop Göstaff i wpsala
han monde mig ille hwgswala
och ther till ladhe all sin flitt och wind
att före och draga her ind
155 konnung Christiern danske then andre
som sedan monde ille regere och wandre
Ty monde iag honom schrifftelig och munteligh
förmane wenlig och allwarligh
att han sampt med mig och swenske men
160 såsom en Rigesens indföd och wen
wille stå med Rijchet och med troheet
affwerie all nöd och farligheet
som konnung Christiern med sine danske men

actade tillfoge Swerge som en owen
165 Men han tog min förmaning ey för goot
wthan förstrechte sig påå Stechs sloot
förmodde sig aff Danmark hielp altid
ther till konnung Christiern i samme tidh
sändhe her in Joachim Trolle hans farbroder
170 som war Swerge rätt inthet goder
Han kom med en flothe 8000 stark
in för Stocholm ifrå Danmark
wid wädle med sitt folk i land steg han
och till Stechs sloot acthade draga fram
175 archiebiscopen till hielp och wndsettning
Men theras anslag gich ey fram i sanning
ty thå the wid wädle samplig
hade stelt sig i slag orden krisslig
fwlle mitt folk them hasteligen ann
180 och brechte theras slag orden, såå att han
bleff förskingratt och monge bliffwe slagne
aff fienderne och monge till fånger tagne
the andre flydde med sorg och rop
them förfolgde then swenske hop
185 såå mz hwg och slag till flothen igen
att the förde med sig onde tiende hem
Thå archiebiscopen thz höra fick
stor sorg och ånger honom till hiertat gick
och begäradhe thå sig med mig förlijche
190 som mig för ey wilde höre eller wijche
wthi min trolige förmaning och bönn
ty fick han och thz till straff och lönn
att iag och Rijgesens råd samptychte thå

att man Stechs slott skwlle niderslå
195 och att han och hans fader her Erich Trolle
som och ther till mykit månde wålde
skwlle setthias fengslige
för sådanna theras handell förrädelige
Ty loot iag thz slott bestalle
200 och archiebiscopen och hans tienare alle
gingo aff för fångar och satthes i hechter
slotthet reffs thå nidh strax ther effther
åhr effther Christi byrd hende thett
femton hwndrat och siwtton ther med
205 Århet ther effther i samme sin
sände kong Christiern åther her in
ifrå sitt Rijche Danmark
en stor skeps flothe stark
och slogo the theras lägre och hwar war glad
210 wthen för Stocholm Rigesens hwffuudt stad
påå södremalm och skwthe thå
in påå staden i någre dager såå
doch alt fåfengt att the ingen skade
giordhe, som staden inne hadhe
215 wthan the aff slotthett och staden samptelig
giorde fienderne skade dråpelig
med theras skytt och wthfall
att the wprychte sitt lägre heltt och all
Till Brännekyrkio the sedan drogo
220 och ther theras lägre slogo
Titt sende thå iag min hele krigz här
för them förde hwffwudt baneret thär
her Göstaff Erichson min tro man och rådh

Gwd gaff thå mitt folk sägeren gönom sin nåd
225 såå att the i förste anslag frijmodige
slogo them påå flwcthen mandelige
och monge aff them nederlade på then wållstad
En hop grepes till fånge i samme slag
monge danske riddare och adels männ
230 ware ther i bland som thz minnas änn
The andre påå flwcthen fwlfolde mit folk såå
att the blodige och såre monde till skeps gåå
Sedan plundrade mit folk med frögd
fiendernes lägre, och prisade gwd i sin himmels
235 för god säger lycho och bythet gååt   lhögd
som the thå hade bekommet och fååt
och drog såå hele hären lustig och glad
med triumph till Stocholms stad
Kong Christiern som thå i stor wånde war
240 nödgades dagtinga ty han stor sorg bar
att wädret war honom hart emot
hans folk led stor hwnger, och kom ey fort
till att draga landgång och taga sig föde
ty the swenske monde them plasse och möde
245 Begynthe han thå tillbiude som enn wen
dagtingan och ranswne sine danske men
Thå han nw bekom them igen
och hade fått prouiant aff mig her Sten
wptenchte han med sitt danske rad thz anslag
250 att dagtinge aff itt falskt hierte lag
Begärade såå kongen thz aff mig
till att wprätthe en fridzhandel wenlig
att iag wth till honom komma wille

men mit råd monde thz ogille

255 och hade enn stor mistanche ther om
att her wnder låg en falsk hwgorm
Thå iag nw thetta slätt aff slog
och kongen thz förnam, han ther ått loog
och begäradhe så andre gången att iag

260 wilde någre för honom gisle lag
sända wth till honom them han och alle
monde i sitt leyde breff nampn kalle
Ther ibland war her Göstaff Erichson
min tro man och råd som för åhr schriffwit om

265 och med sex andre friiburne män
Jag försåg mig till honom som en wän
men såå snart the wthi skären komne wåre
mötthe them någre danske som them högt swåre
att the hade säker leide och skwlle

270 draga fram ther kongens skip hwlle
Såå snart the thå komme fram
bleffwe the fängslige tagne alle sammen
och med kongen förde till Danmark
Thet war itt falskt Jwdæ kyss fast stark

275 Aff sådanne kongens breff, ord lyffthe och ärhe
böör hwar tro swensk man till warning lärhe
att taga sig till ware för dansk loffwen och troo
som far med falskhet till att wpuechia oroo
Tw åhr ther effther kongen wthsände

280 sin här igen till westergiöttland the ländhe
Ther med mitt folk mötthe iag them wid Bogeswnd
och hölt med them en hård strid enn stwnd
till thes iag bleff wthspeiat gönom min häst

Ty bleff iag skwthen igönom mitt ben som wärst
285 men mit folk monde ey tesmindre
fienderne affslå och theras wpsååt förhindre
Doch effther iag fördes them thå ifrå
och ingen wille taga sig wppåå
att föra kriget i min stad
290 ty förskingrades mitt folk med stor mishag
Jag doo sedan thå the förde mig fram
till Stocholm mig sorgde hwar tro swensk man
Sedan monde fienderne fram drage
och alle swenske frid och wänskap till sadhe
295 slogo fridz breff påå kyrkiodörar alle
för alle them som kong Christiern wille tilfalle
Hastadhe såå sig wp till Strengenäs stad
hwar dansk man war thå frimodig och glad
ther biscop Mattz monde them till hande gåå
300 som war Rigesens Canceler thåå
hwilken sedhan sampt med them
hylladhe wnder kongen swenske män
Men the som trohet monde mene
frw Christine her Stens monde sig förene
305 och stode emot fienderne hwad the kwnne
them the och tillfalle wille ingelundhe
Sedhan drogo fienderne till Vpsala fram
erchiebiscop Göstaff bleff thå glad försan
Kom och kong Christiern med sin skips flothe
310 ind för Stocholm och fick sig wäll till måtthe
sin hele skips här till sig
Begynthe såå dagtinge wenlig
med frw Christine, her Stens efftherleffde frw

till sadhe henne mykit godt wthan trwg
315 såå och alle them som hölle med henne
them wille han sloot och län förlänne
Her Göstaff Erichson, som ifrå Danmark thå
war wndkommen sitt fängelse och frelst ifrå
gönom gwdz försyn och hielp miskundsam
320 bleff och intagen wthi samme dagtingan
Ther påå kongen swor och wthgaff sitt breff
doch mz lwther falskhet thz giorde och bedreff
Ty såå snart han fick Stocholms sloot och stadin
loot han merchie och see sitt ondhe sin
325 att han loot wprese påå stadzens torg
galgar swenske män till grått och sorg
Bleff sedan til konge cröndt
thet swenske män bleff sedan ille löndt
Ty thå Swerges ypperste rådh och män
330 hadhe med kongen såsom Rigesens wän
hallet hans kongslige crönings högtidh
och i tre dager stelthe sig blid
som påå söndagen in till Oensdagen skedde
påå hwilken thå kongen them sedan beredde
335 ett annat gestebwdh fast sorgelig
och hade them i rätthegång samptelig
Archiebiscop Göstaff then otro man
begynthe thå klage them ann
öffwer thet öffwerwåld skade och men
340 som honom och hans kyrkio war skedt aff her Sten
och hans medhielpare som ey wnthe honom gååt
wthan hade Stächit S. Erichs sloot
niderbrutitt och giort anthekan

påä the helige kyrkios ägor wthan hans förskyllan
345 och begäradhe att the motthe Stechs sloot
wpbygge igen och aldelis brått
wprätthe honom och hans kyrkie all then skadhe
som han i thesse åhr fååt och lidit hadhe
Men konnungen som för rätthen satt sielff
350 söchte the swenskes liff och förderff
gönom samme archiebiscopens klage måll
kongen som hade hiertat hårdare änn ståll
dömde såå the swenske herrer för brändz man
som en streng domare och Rigesens owän
355 lätt såå settia them alle samptelige
ther påä slotthet fengslige
sampt theras tienare och borgemester och råd
the swenske nöthe thå släät ingen nådh
Dagen ther effther med gråått och sorg
360 wthleddes för fängar påå stadzens torg
ther the in för rådhhwsett halshwgne bleffwe
monge swenske monde sig ther offwer ille giffwe
Men biscop Wincentz i Schare
ropade i ringen wppenbare
365 att kong Christiern for med löng och förräderi
emot swenske men med sitt tyranni
Begärade att han sampt the andre sampteligh
måtthe doch fåå en dom för sigh
sedhan och att gwd skwlle hemnas thett
370 then oräät och öffwerwåld the före med
The andre ropade alle att swenske men
wilde see wid theras skade en och en
och ey lathe förråde sig såå skamlige

med falsk breff och dagtingan förrädelige
375 och att the thetta hempnas wille
såå framt the ey wille fara ille
Thenne affhwgning skedde i dagar twå
the döde lekamen moste ligga thå
påå torget ifrå samme torsdag
380 och in till loffwerdagen mong swenske till mishag
Thett itt fast ynkeligit spectakell war
hwar Swensk stor sorg och jemmer i hiertat bar
Sedhan fördhes the döde kroppar samptlig
påå södermalm och ther wpbrendes iemmerlig
385 Her Sten Stwres lekamen och itt hans barn späat
som wpgroffwos och effther samme säat
bleffwe ther med the andre wpbrendhe
theras frwer och barn till bitther sorg och äländhe
The döde herres tienere samptelige
390 bleffwe sedan wphängde iemmerlige
en part med stöfflar och spårer ynkelig
toges aff hästen och hängdes hastelig
thå the komme ridandes i staden ind
mongen swensk bleff dhå fast bleck om kind
395 Sedan sände kongen bwd till Findland
att hwar och en hans befalnings mand
skwlle latha halshwgge alle friborne män
och latha ingen leffwa igen
Theslikes böd han strengeligen thet wppå
400 att ingen bonde hemme eller ifrå
skwlle haffwa werier eller armbost
ty befalte han med synnerlig lust
och läat såå hoss alle bönder

hwgge theras armborst sönder

405 Sedan drog kongen ifrå Stocholms stad
hwar swensk war ther ått fast glad
och actade sig ått Danmark igen
men hwar han kom giorde han sorg och men
mongen wprectig swensk mand

410 och såg gerna att theras blod tått rand
I Wastena stad loot han qwarthere
Måns Höck, Påder Smed och så flere
I Jöneköpings stad han affhwgge lott
twå aff Ribbinge slächt, och monde så fort

415 abbothen i Nydala sampt hans bröder flere
låthe fördrenchie till stor wanårhe
Och thå han kom till Danmark igen
betedde han ther sligt tyranni danske men
såå att han war aff gwdi wisserlig

420 Swerges och Danmarks Rijcher plåge förfårlig
för theras synder skwll margfallelig
mån gwdi ske loff priss ewinnerlig
som thz sitt riss rått wisserligh
haffwer kastatt i eelden nådeligh

425 Amen amen Finis åndhe
Gwd oss allom sin nådhe såndhe

Thenne Crönechen åhr schriffwin aff Hans Boosson
Smalending i Vpsala, Anno etc. M, D, Lxxx, IIII.

Yngre och utförligare redaktion af Lilla Rim-Krönikan, hopfogad med de båda större Krönikorna vid 1520-talet.

(Efter Benzelii handskrift 51 i Linköping. Förut går den inledning, som är tryckt i detta band, s. 193—198.)

7
Erich förste kong i Swerige

Aff iaphetzss åfföda iagh kommen war
och första sin krona offuer Swergie bar
Tha bodde inghen i skåne heller wethelaheedh
5 tha iag förste konwng j götheland reedh
Jag lath them byggia och ther hemman tage
ty bör them skatta gotheland alle dage
The land the hetha tha wethelaheedh alle
som wij nw såland mönsther. fiwn. låland och
10 Tha liffde Sarwg godher madher   ⌊falsther kalle
abrahams fadherss fadher fadher
J götheland endade iag mitt liiff
aff aller och soth och ey aff kiiff
Thz war weth Mviii° [1800] xl och ix aår
15 epther ath werdhen tha skapth war

Philmer starke iii ko

Effther myn fadher fiick iag götheland
och wan ther till mz manneliig hand
Scithiam asiam och macedoniam
20 greciam yberniam och alemaniam

Sedhen wan iag pontum och iliricum
foor så tedhen och till danubium
Offwer walska berghen iag sedhen monde draga
på thz iag wille och flere landskap indtaga
25 Armeniam Siriam och galaciam
ciciliam missiam och ther till thraciam
Egypti konwng wesoswm then mecktige man
iag honum och hans land alth offwerwan
Jag sloo honum död sa han styrthe på marck
30 en ty han lathz siig ware full starck
Hernik rydzse kongh kom iag till miig
sedhen till konwng i götheland giörde han siig
Sedhen leedh iag aff thenne werdh
aff aldher och soth oc ey aff swerdh

35   Nordian philmerson iiij ko

Meg är stoor blygd noghet om miig scriffwa
ty iag lath meg slaå oc aff götheland driiffua
Hernik rydzsekonwng giorde miig thz meen
till wethelaheed iag rymde och war ey seen
40 Han lath miig ther mz nådher bliffua
iag tienthe hans son men iag monde liffua

      Hernik v. k.

Jag är nw skildh i fraå alle myn nödh
ty phylmer starke han är nw dödh   8
45 Nw will iag göre alth epther myn wilie
hans son nordian fraå götheland skilie
Osantrix myn son skall ther konwng ware
och iag will hem till rydzsen fare

Han styre götheland szom en man
50 iag bätre raåd ey fynna kan

Osantrix hernikson vi ko

Milius konwng latt locka myn dotther frå honda
oc giorde miig ther till myghen wanda
Han striidde på miig mz monga striidher
55 till tess wlfardh kempe drapp miig om sydher

Osantrix hernicss brodher vii k

Epther myn brodherson fiick iag götheland
oc wan brittaniam alth mz myn hand
Och drapp konwng isyng oc hans söner nyo
60 the starkasta kempa nogher kan aff seya
Faszhålt och dethleff mz samme lempa
oc monga flere aff theris kempa
Jag them alle och saå offwer wand
oc fiick ey saår aff theras hand

65 Jnge viii koning

J götheland iagh lenge styrde
almoghen miig myghet hedradhe och wyrde
The samtyckte alla wthen dwale
att konwngsätitt skulle bliffua i gamble wpsale
70 Them tyckte thz skulle bästh bliffua ther
ty åffguda mönstrett lågh ther när
Och gwdherna skulle tess mildare bliffua
oc allom tess bätre lyckann giffwa
Ther bodde iagh bådhe i lösth och nödh
75 till iag aff aller oc sott bleff dödh

Phrodhe ix ko:

Epther myn fadher iag fiik ower götheland råda
och beskermade thz för orett oc wåde
Thz bör hwar konwng haffue till siid
80 bewara sitt land oc holla god friid
Oc wetha altiid sin almoges gagn
för hwilkit han bär siitt konwnga nampn
Jag elskade mitt riike och godha men
iag halpp och tröste them hwar och en
85 Fatigth folk iag giorde oc saå
thy monde mig well mz alle gaå
Then szom arm och wsall war
iag hwgnade them mz gode andswar
Alla olagher och all orett
90 skickade iag till bätre sätt
Jnghen torde mott laghen trätta
hoo thz giorde latt iag honum retta
Ty er än nw etth orda siid
far well och statt i roliig friid
95 Jag dödhe i götheland ey aff striid
sedhen iag hade liiffuatt myn alderss tiid

Vrbar frodes son x ko.   9

Thz bör hwar förste och hwar förmandh
altiid förbätra sin riike och siitt land
100 Och skicka all ting wedh lageliigheet
oc mästh når han kan liiffwa i fredh
Jag hade tree söner szom iag well an
östen, och nore. then triidie war dan
Try konga riike hade iag före sörgia

105 szom war både Danmark Swerige oc Nörgie
Jag wille the skulle all måga well
oc inthet thera skulle skee oskäll
Nw epther iag hade thenna riike try
wille iag them wäll alth föresee
110 Till norges sende iag myn son nore
oc östen skulle gotherne staå före
Dan anammade wethelaheed
mz karska swäna han tiitt reed
Oc bleff ther konwng både gammall oc god
115 gott ryckthe alle dagha ther epther honum stod
Vethelaheed thz kallades tha
förre en myn son han monde thz faå
Sedhen fiik thz aff honum nampn oppa nytt
aff dan danmark szom sagher går wiitt
120 Jnghen konwng war ther förre en han
iag må thz segia för wissa san
Norrelandzss nampn thz wendes och om
och norrige nw kallas aff nore tiitt kom
Naår iag hade kommett thetta riike i lagh
125 oc miig leedh fasth åth myn siisthe dagh
Feck iag saå dana helsott
mig inghen i werdhen kunne raåda both
Jag iordadess epther dödhen i wpsale stadh
aff myne wener szom iagh them badh
130 Jsraels konwng dauid propheta
war i myn tiid hoo thz will wetha

Östen vrbarson xi. k.

Jag epther myn fadher göteland fik
Oc dagelige i hans fotspor gik

135 Jag styrkte mitt riike så mongelwnde
oc hölth godh friid thz bestha iag kwnde
Thz war altiid wti myn acth
all god lagh oc friiheet skulle bliffua wed macth
Friiheet är bätre en noghet gull
140 om werdhen wåre ther mz all fwll
The kunne tha liiknas mz inthet skäll
ty bör honum hwar att wnna well
Jag tacker göthana alle dagha
att the wille meg till sin konwng tagha
145 Jag rådde oc norige i the stwnd
oc fiik them till konwng en myn hwnd
Ty the sloge myn brodher wthen skäll
oc flere theris höffdingher tha i häll
Aldher och sott giorde miig oroo och mödhe   10
150 så iag ther aff i wpsala dödhe

Solon östenson xii k

Mongher er then, szom far mz fals
oc slår sin herre oppa sin hals
The szom nu ätha sin herres brödh
155 bereda sin herre fwll ynkelig dödh
Myna egne men giorde miig ondt par
the drenckte mig wti eth miöda kar
Saå leed iag illa åff thenne werdh
ty wackta siig hwar för sliika ferdh

160   Swerke solonson xiii k

Jag kaller then ware en wsall man
szom inghen mandom göre kan

Så dana stycke giordes thå
når iag fiik göteland före staå
165 Jnghen man fandz tha aå marck
som iagh i håndom war så stark
Jag slogh myn hand i hallasteen
hon wek siig wndhen, iag kende ey meen
Sedhen doo iag aff allers meen
170 oc lagdess i iord oppundher en steen

Valand Swerkeson xiiii k

Thz segies att skepnath är aldriig så södth
man såge iw heller han wåre dödth
Göteland iag epther myn fadher erffde
175 och myken segher iag ther förwerffde
Till tess iag kom wti then möde
att maror riide meg till döde

Wisbwr walandson xv k

Agwnd är ett odygdelighet ting
180 wndher skioldhen giffwer hon hårdeliig stiwng
Hon plägher syn sleckt ey myghet spara
ty kan man siig ey well förware
Når iag göteland epther myn fadher fiik
oc styrde thz väll, till mig så giik
185 Myne frendher monde mig platt fördherffua
att the tess snarare skulle få erffua
The brende mig opp i aska oc glödh
oc alt mitt hwsfolk leedh samme nödh
The sagde mig sådhenes gudz offer skulle ware
190 för almogens nöd oc haårde aåre

Domald wisbwrson xvi k

Meg giik ey bäther i thenne werdh
än som min fadher, foor iag samma ferdh
Sädhenes gud the offrade mig
195 att the skulle god aår förwerffua siig
Epther myn fadher iag liithet styrde
myna egna söner the mig myrde
Att the göthariikett motte raskare winne
mz alth mitt folck brende the mig inne

200 ## Domar domaldson xvii k

Jag war konwng epther myn fadher domaldher
och doo i göthaland åff sott och aldher   11
Thz war iu altiid myn gamble siid
styrkia lag oc rätt och holla friid

205 ## Ottil xviij ko:

Onde syna näffzstt skall man ey försönia
når the haffua gott och kunne ey thz skönia
Når danske the dräpte myn fadher holden
twingade iag them wndher skatt ighen
210 Jag fiick så them myn racke till herre
sedhen worde the en myghet werre
Sedhen fiick iag them lääss hyrde snyö
han bleff theress herre till han monde dö
Jag wan wndher mig alth tyskeland
215 oc flere landskapp ginge mig till hand
Om siide iag kwnne inghen för mig finne
wthen dödhen, som mig kunne offuerwinne

Diguer ottilson xix k

Jag öffwade mig mesth i krii och ficth
220 mig tyckte thz ware dygdher liicth
Epther myn fadher wthen qwale
bleff iag konwng oc doo i wpsale
Mig skattade danmark och flere land
som myn fadher mig till hånda wand

225   Dag diguerson xx k

Jag wille oc skatt aff danmark tage
szom myne föreldra i theres dage
The bewiiste mig otroo i then stadh
oc dräpte mig wedh wapnewadh
230 J danmark, hwar swergiss man både legth oc lärdh
förware siig well för myne färdh

Alrich dagson xxi k

Agwnd är en ondher gesth
han förderffuer sig sielff szom henne haffuer mesth
235 Han glädess aätt annerss nödh oc twång
och dröffues att anner haffuer noghen framgång
Myn brodher Erich giorde mig oskäll
han slogh mig mz ett betzsll i häll
Ty han agwnd tha mott mig bar
240 att iag konwng epther wår fadher war
J myn tiid ett wndherlighet ryckte giik
att en iomffru en son i bethleem fiik

Jngemar alricson xxii k

Säll är then man god lycka faår
245 oc hälsth når han till eckteskapp gaår

well år honum godh hwstru kan faå
oc henne mz glädi niwtha maå
Theres glädi må yppas så mongelwnd
når the älska hwartt annat aff hiertanss grund
250 Myn lycka war borta iag må thz well klage
ett orådh myn hustru monde för siig tage
Hwatt henne tha wartt, heller henne till trengde
mz ena gyltha kädia hon mig tha hengde
På agnefith som nw stochholm staår
255 szom förra ett fiskaläge war

Jngell ingemarson xxiii

Når göthane hölle mig för sin förman 12
oc konwng att bliffua i theress land
Tha monde myn brodher thz förtyckia
260 att mig skulle henda tolken lycka
Han giorde tha ey mott mig well
för thenne sack slog han mig i hell

Järwnd ingelson xxiiii

Sina fighendher skall man aldrig troo well
265 hoo thz gör han bliffuer osäll
The komme mz ansickte bliitt oc milth
oc haffua tha myghet i hiertatt iiltt
Jag twingade däner mz skatt oc skull
oc menthe the skulle mig ware hwll
270 Jag drog ther indh i goda acth
oc trodde the ord the hade mig sacth
Jag sende tha göthane hem till lande
ty giorde meg danske sedhen then wånde

The hengde mig opp wedh oddeswnd
275 hartt när lymfiordhen mz falske fwnd

Håkon ringe iärwndson xxv

Nw haffuer iag hemdtt myn fadherss död
oc giorth the danska stoor iämmer oc nöd
Aff danmark konwng harall hylletandh
280 han wille göre skade på thetta landh
Mz stora macth drog han her in
owerwinna thetta riike lagde han siig win
Jag war tha redha, draga honum emoth
mz Swerges macth till hesth oc footh
285 Wii ginge tillsamman wti then striid
mz konwngher siw oppa then tiid
Wii lathe stöta i baswner och horn
the sloge hwar annan som böndher slå korn
Ther wtgaffs skråll och bwller wedh
290 szom hymmelin skulle tha falla nedh
En röök ther opp i hymmelin stod
aff daåmb oc hetha och mannablod
Så flöth ther blod oppa then mark
som thz hade warett en flod well stark
295 Hemmelin kunde man naplega see
för steen oc pylar så tiocka slogo the
Xxx^M [30000] frii men tha misthe han ther
konwng harald hylletan wtaff sin haär
Wedh xij^M [12000] iag myste oc saå
300 som mannelige i marken monde mz mig staå
För wthen fatiga som ther bleff
aff kong haraldz folk som inghen talde eller screff

Så drapp iag konwng harald hylletan
oc kong offe aff fryszen, oc segher wan
305 J wärend pa bråwalheed thetta giordes
oc sedhen wiideliige om landet spordes
Når iag förnam kong harall war död
offuer all myn här iag thz förböd
Att the skulle lengher skwta eller slaå
310 the danske men rådde iag oc saå
The ginge till raådz inbyrdess mz siig
till herre och konwng tha keste the mig
Ey wille iag thå in danmark fara
meg tyckte fasth bätre i swerige ware   13
315 J myn stad fiik iag them en iomffru baåll
iomffrw heet, som danmark skulle haffua i wåll
Aff aldher motte iag i wagga leggias
oc som barn på nytt mz horn spene däggias
Så doo iag aff sott oc ey aff slagh
320 så giik myn syste liiffuandes dagh

Egild wändilkråka xxvi k

Hwar tienare skulle trofast sin herre ware
oc bära för honum råddoge och fare
Oc staa mz honum i lösth oc nöd
325 om han mz ära will ätha siitt bröd
Troo giffuer bröd å hwarth man wendher
otroo giffuer altiid en ondhen ände
Jag hade en swen oc han heet dånde
han giorde mig offtha myken wånde
330 Han sampnade siig fwll stora macth
meg fördriiffua thz war hans acth

Olydoga monge giorde han mz siig
oc rådde att the skulle wnfalle mig
Jag striidde mz honum nyo hwud striidher
335 oc mz myn hand drapp honum om siidher
Thetta kwnne iag well bestånda
som iag bedreff mz samme swen dånda
Ey kwnne iag meg wackta för ett oskälighet diwr
ty meg stångade i håll en galen tiwr

340   Octhar egilson xxvii k

Agwnd haffuer mz siig en ondhen sätt
hon will ey skona sin eghen ätt
Myn brodher ffästhe giorde ey wäll
ty iag war konwng slog han mig i håll

345   Adhill octharson xxviii k

Jnghen menniske legdt heller lärdh
wett hwre hon gångher aff thenne werdh
Jag offrade gudher szom thå war seed
oc styrtte stragx död aff hesthen need
350 J myn tiid drog aff götaland wth
en owinnerlig här mz skiöll oc spiwth
The toge så före i sin synne
att the wille all landskapp wndher siig winne
All land oc riike ginge them till hånda
355 ingha keysare oc konwnga kunne mott them stånda
Hwath riike som hörde tha göthana nemdh
the skwlffue oc räddes theris wrede oc heindh
The droge fram å hwar the wille
oc inghen war then szom them kunde stille

360 The mannelige brwkade sin store mandom
i all landskapp mellan thetta oc rom
The szom mott them stode sloge the till döde
oc mong landskapp oc städher lagde the platt öde
Jnghen stad war thå så fasth
365 att the iw offuerwinne mz en hasth
Hwatt skall iag mera segia her om
the stadnade ey fören inne wed rom
På alla siidher the rom belagde
romaner them thz tha illa behagde
370 Aff then bestalning the ey åtherwende
fören the honum wnne, sköfflade och brende
Mwren war och ey så stark
the brwthe honum slett alth nedher till mark
Wedh iij^c femtio och fiorthen aår
375 skedde thz, epther gudz son föddher war
Honorius war keysare then samme tiid
ey förmotte han föra mott them noghen striid
Thetta folck war i striid så starcth oc harth
att inghen gatt siig tha för them warth
380 The offuerwnne rom oc flere synne
then som söker i böker han maå thz fynne
The toge om siidher siig eth landskapp in
szom well ymnocth war på fructh oc win
Tha lysthe them ther både byggie oc boo
385 oc gaffue siig tha till friid oc roo
Frankes konwng trengde the landet fraå
han tordes ey giffua straff ther aå
The bleffue ther sedhen oc äre ther än
ther födes aff kongher och mectoge män

Swesser-
land

14

390 Then mandom götther wtlendes bedriffue
näppelige kan ther aff noghet bescriffue

Östen adelson xxix k

E hwar en man helsth staddher är
tha är honum wådhen altiid när
395 Ty skulle alle siig grannelige ackta
för swek oc förrädilse idkelige wackta
Myne men giorde full illa then synne
att the brende mig och mitt hwsfolk ynne

15 v ## Ingemar Östenson xxx k

400 Mongher segher alth mz sin mwnd
thz han ey menar aff hiertanss grundh
Han lismar oc smickrar mz twnghen siina
oc dragher tha likwell på en annan liina
Han loffwer hwlskapp oc will ey hålla
405 thz mone hans falska hierta wålla
Jag war sa wellog mecktog oc stark
att iag wan vndher mig alt danmark
Sedhen dräpte mig danske mz fwle fwnd
på langnöö wedh belthe swnd

410 ## Brämwnd ingemarson xxxi k

Agwnd oc wrede haffua inghen wildh
the spara hwaske oskyld eller skyll
Epther myn fadher ingemar
iag i göthaland konwng war
415 Ty wartt Siwrd myn brodher wredh
och drepthe mig i näriike wed högaheed

Jngell bremwndson xxxii k

Honum är onth i skoghen ware
som för hwan bwske bär räddoge oc fare
420 För rädzsll skull förgör seg monghen sielffuer
oc wåndher så ey hwartt lyckan hwelffuer
Jag räddes konwng ywar skulle meg winne
ty brende iag meg tha sielffuer inne

Olaff ingelson Trätälie xxxiii k

425 Hwar och en förste szom krona bär
bör altiid haffua sin almoge kär
Förtiena siig aff them milhetzsens nampn
tha bliffuer thz honum till hedher och gangn
Jag styrde göthalandhet lenge oc väll
430 oc hölth them altiid mz friid och skäll
Så gik meg som andra faller
iag doo i wpsala aff sott och aller

Jnge olaff son xxxiiii k

Jag bleff konwng epther myn faderss tiid
435 örliig och krij thz war myn iid
Jag hölth hwar man wedh skäll och rätt
oc all ting giorde iag till en godh eendräcth
Meg hende en tiid iag foor i slagh
ther bleff iag dräpin then samme dagh

440 ### Erich wädherhatt xxxv k

Jag heet förty Eriik wädherhatt
iag fiik altiid god bör saå ratt
E hwarth iag myn hatt wtwende

myna gudher mig bören strax titt wt sende
445 J göthaland endadhe iag mitt liiff
aff aller oc soott och ey aff kiiff

Erich styresäll xxxvi k

Jag heet för ty Erich styresäll
mig lyckades altiid örliig wäll
450 Ysland liiffland kwrland och fyndland
wan iag alth mz segher till hand
Oc hade them wndher göthaland i myne dage
till tess aldher oc soott monde meg liiffwit aff tage

Stenkill förste christhen kong i Swerige xxxvii

455 Naår iag swergis chrona bar
gudz nådes thime tha kommen war
Gud wille oss tage fraå dieffwlsens macth
att wij skulle honum tiena mz hugh oc acth
wij skulle oc sannan cristhendom hendha
460 gönom trona oc dopett oc till sannan gud wenda
Oc ey mera bedia till stock eller steen
szom fordom giordes, wthen till gud all en
Thz hende i mönstrett aff wpsala stadh
som presthen stood för ågwdhet oc badh
465 Oc offrade thå som thå war sedh
seegh han så gott som till marken nedh
Oc bleff stragx stenblindher oc kunne ey see
latt leeda segh heem mz sorg oc wee
Thetta saå iag, oc the mz meg wåre
470 wij grwffuade fasth oc räddes swåre
Om natthen kom till samme man

gudz modher maria oc hwgswalade han
Oc sagde, om tw wilth tro pa ihesum cristh
oc åtherfaå thin syn szom tw haffuer misth
475 Tha skall tw thina åffguda offuergiiffua
om tw wilth frälsas och saliig bliffua
Thina affgudher äre inthet wthen dieffulsskön
oc ewinnerlig pine giffua the till lön
Men will tw cristhendomen begära
480 myn son oc mig bepriisa oc ära
Thin syn will iag giffua tiig än well bråth
oc tiig skall bliffua ewerdelige gåth
Thenne stadhen skall mig wigias till hedher
oc alth affgudha dyrck skall leggias nedher
485 J myn sons ihesu christi macth   17
giffuer iag tiig thin syn szom iag haffuer sacth
Mannen bleff strax ferdog oc frij
oc begynte predika i hwariom by
Om thetta ierteknet som honum war hendt
490 oc hwre han hade siig till cristhendomen wenth
Oc bad them the skulle göra som han
ty wthen tron inghen saliig bliffua kan
Når iag alth thetta granth förstod
att tolken troo war så mectog oc godh
495 Jag sende strax myna trogne män
till sanctum ansgarium gudz wtualde wen
Oc latt honum förstå hwatt presten skedde
hwre maria gudz modher siig för honum tedde
Oc att iag war redha mz liiff oc mackt
500 anamme then troo mz gudeliig ackt
Oc han skulle meg wndherwiisa oc lära

hwre iag skulle mz tron gud priisa oc ära
Når ansgarius thenne tiidhenden sporde
twå myndoge men han till biscoper giorde
505 Adeluardus och stephanus så war theris nampn
them sende han hiit, oss alle till gangn
J Sictwna adelwardus första messa sagde
lxx mark sölff the till offerss fram lagde
Alth thz folk ther om kring bodde
510 the lathe siig döpa oc på sannan gud trodde
Adelwardus biscop foor sedhen wthen dwale
till mönstrett som war i gamble wpsale
Oc nedhersloo all affgwd i mönstrett stode
ty the waåre onde oc icke gode
515 Till helsinga land biscop staffan kom
oc wende ther monga till cristendom
För gudz hedher giorde han siig omak nogh
oc bleff ther sedhen slaghen oppa en skogh
Ey langth ther fraå iordades hans liik
520 iag menar han är i glädhena riik
Når almoghen wed wpsale hade thz sporth
hwre adelwardus hade mott theres affgudher giorth
The försampnade siig oc giorde ey wäll
i wredhe oc harm sloge the honum i hell
525 J byrköö then stad begroffwo the han
iag tror att han hymmeriikes ära fan
Almoghen tog sedhen trona kasta
oc meg marfolleliga hotha oc lasta
Att kastha tron war iag och redha
530 ty iag reddis swåre för almogens wrede
Jag menthe iag skulle them till bliidheet bögia

oc bliffua till friidz oc latha siig nögia
Hwath ödmiwcth iag tilbödh kwnne inthet drage
förre än the monde mik platt liiffwit aff tage
535 Tha war gonghet aff gudz sons aår
vell viij° xl oc v [845] som scriffwit staår

Ödmwnd kållabrännare xxxviii k

J myn tiid hade iag för sätt
mz brotlegom hålla full skarpan rätt
540 Folkit kallade mig kålabrennare ty
å hwar saker fantz i nogrom by
latt iag brenna wegh oc tack   18
epther hwars theras brwtzliige sack
Sedhen skickade iag än bätre lagh
545 och doo aff aldher wthen slagh

Amwnd Slemme xxxix k

Jag giorde iw som en argher faåne
att iag satte raåmerke mellan swerige oc skåne
Oc skildhe ther mz skåne frå Swerige
550 hwilkit mig hade borth heller försware oc wärige
Kongh Swen tiwffueskeg i danmarkss riike
monde mig illa ther till att wiike
Aff Swerige oc danmark wij toge xij men
wiise oc kloke rett hwar och en
555 The skulle i mellan thenna tw riike
leggia thenne råmerke full iempth oc liike
Torne wtnemdes aff westhergötland
oc Torsten teslikes aff östhergötland
Aff wpland Thole oc totthe, aff södhermanneland

560 Grwndwold, oc gasze aff wesmannaland
Thoke oc tosthe aff bådhen iwtland
wbbe aff fywn, oc grwnwold aff Sieland
Grwndwoll aff hallan bleff oc wtsendher
teslikes dan aff skåne wtnempdher

565 Mellan sweriige oc danmark thenne xij men
sex stena the satte och the stå ther en   ſsten
J Strötte siö står then förste, i danabåk then andre
i wåretznåss then triidie, fierde kallas kyndesten,
Hwitesten then femthe opsatther war

570 brymsasten siette, mellan bleking oc möre står
Danaholm skipthes oc i lotther tree
Swerige, danmark, norge, hwar sin loth finge thee
Tha nempdess aff danaholm oc i stemne swnd
aff stemne swnd i blymern sammelwnd

575 Aff blymern oc sedhen i slettesiö
aff slettesiö i flåckabek noghet fierran sandsiö
Aff sandsiö i almandebrink oc i diwregrwnd
aff anderoszen oc in i emptemose sammelund
Aff emptemose oc i ormwndher skogh

580 i tranemose sidhen slettesiö landemerkit tog
Thetta bythe ångrade mig om siide
ty begynthe iag mz the danska striide
J skåne wedh en broo kalles stanghapelle
iag oc måsth mitt folk ther i slaghet felthe

585   Håkon rödhe xl k

J Sweriige iag en konwng war
oc rådde thz well i xiij aår
Oc iordadiss sedhen i samme by

ther iag war föddher i liiffue ny
590 J wiista herratt i westhergötland
ther iag oppgaff myn ytherste and

Olaff skotkonwng xli k

Jag inthet ting i werdhen weet
bätre än friid oc retwiisheet
595 Ty hade iag them i hwgh oc acth
oc elsthe them aff all förmåge och mackt
Ty giik thz mig till lycka saå   19
iag wan alth thz iag slogh oppå
Jag styrde Swerges riike wäll
600 alth som mig borde mz rätt oc skäll
Jag gatt ey liidhet osemya oc trätta
heller att nogher then andre skulle oförretta
Jag war wälwilig alle till liika
hwatt heller the wåre fatige eller riika
605 J then tiid om cristendom ryckte giik
iag stoor hwgh oc wilie till honum fiik
Men ey wiiste iag hwre iag kwnne honum faå
heller hwro then troo hon skulle tillgaå
Tha war framliidhet aff gudz sons aår
610 twsande oc xl som bescriiffwit staår
Tha war oc en kongh i norges land
som styrde fwll mykit sancte olaff hett han
Han begärade aff hiertha kiära dotther myn
mz hedher oc ära till hwstrw syn
615 Jag gaff honum henne tha i wåll
ty han war from mecktog oc boll
Han hade oc taghet weth cristendom

förre en myn dotther till honum kom
Jag lath leggia kiistor full
620 mz dyra håffuor och röda gull
Oc sende myn dotther i norge in
till konwng olaff kiere brwdgwmmen sin
Hon war när honum ey monga dage
mz ty hon monde weth dopp oc cristendom tage
625 Sedhen gaff hon siig aldrig hwiila eller roo
för en hon meg kom till samme troo
Konwng mildredus aff engelandh
war myn troo wen, iag ey annath fandh
Wij sende hwar annan mekta stora gåffwer
630 mongh clenodier oc dyra håffwer
Jag screff honum till om mitt opsått
oc hwath iag hade i mitt hierta wndfått
Hwre iag wille gerna cristendom henda
om han wille mig nogre predikare senda
635 Som mig skulle then cristelig trona lära
sannan gud både priisa oc ära
Myn dotther lagde siig oc ther om win
mz breff oc bwdskapp i samme sin
Tha församnade mildredus alle lerde men
640 och wndherwiiste them å hwar och en
Hwre gud han hade mitt hierta optentt
till cristeliig tro thz stadelige wenth
Oc sporde om nogher war ther i bland
som trona wille föra till thetta land
645 Tha stod ther opp en fromer man
Eboracensis archebyscop Sigfridus heet han
Oc anammade kerlige thenna ferdh

ty han war myghet i scripthenne lärdh
Han kom her ind mz cristelige sedher
650 iag anammade honum mz största hedher
Jag döptess sedhen aff hans hand
wti en kella i westhergötland
Sigfriidz kella wed hwszaby
ther Swergie cristnades mästh i ty
655 Epther gudz byrd twsande oc femtio aår   20
xv daghen i ffebruarij månatt thz war
Tron wtspredde sig dag från dagh
mz goda sedher (i swerige) oc cristelig lag
Jag lath byggia cappell oc kyrke
660 oc them mz godz oc gåffuor marfollelige styrckte
Jag stod stadig i en cristeliig tro
till tess iag aff werdhen i wpsale doo

    Jtem i fraå thz sanctus ansgarius predikade her i Swe-
    rige oc till sanctum Sigfridum förlopo siig wedh ii° aår

665   Stenkill olaff skwtkoningx systherson
           xlii koningh

Jag war en konwng fulmectig oc stark
oc wan tre hwudstädher i danmark
Then beste skytta iag war tha
skotmerken en nw i westhergötland stå
670 Konwngasten thz första är
konwnghss lidhstolpe thz andre szom ther liggher
Aa stondzberg thz tridie monde ware   lnär
som the well wetha ther fram pläga fare
Jag doo omsidher aff aldher oc soth
675 aff hwilken mig inghen kwnne råda both

Jnge xliii k

Sedhen iag war till konwngher sätt
mz almogens wilie oc goda endrecth
Hölth iag så strenga rettwiisheet
680 oc hade så stora sacktmodogheet
Att inghen förhastade iag meg oppa
oc inghen giik mig oc rethlöss i fraå
Jag styrde Swerige i monghen dagh
oc giorde aldriig mott Swerges lagh
685 Jag wan fåm striidher i skåness land
oc hade thz try aår wti myn hand
En natt the mig i myne sängh mörde
wesgötha meg sedhen till warnem förde

Blodzswän xliiii k

690 Jag war oc konwng i stackott stwnd
iag wett ey maxan hwrelwnd
Når konwng Inghe offwer Swerige rådde
tha wåre somblige som thz försmådde
Att the finge ey holla sina gambla sedher
695 offra sina gudher, oc göra them hedher
Then cristelige tro wille the ey worde
the ware i hwgh oc hiertha saå hårde
Tha toge the både skiöll oc spiwtt
oc sloge konwnghen aff landhet wtt
700 Sedhen monde the mig till konwng thage
ty ey annan en mig kwnne them behage
Jag begynthe then cristelige tro förnedra
almoghen gath iag syna affgudher hedra

Mz store högtiidher oc gestebwd mångh
705 myghen tienisth med offer oc sångh
Alth affguda offer som dreptess tha
lath iag almoghen åtha, iag giorde oc saå
Diwrablodhen mz samme kosth
lath iag them dricka som äplemosth
710 Ett wedhernampn iag aff almoghen fiik
att iag kalles blodswen, för samme dickt   21
Eskillus straffade oss ganske swåre
för att wii fraån trone falne wåre
Wij skötte platt inthet hwatt han sagde
715 oc ey hans ord paå hiertath lagde
Eskillus opp i hymmelen saå
ett gryselighet wädher monde komma thå
Hagell oc rengn oc tordon stark
bådhe affgudher oc altarett slog thz till mark
720 Spåbwdde myn swen han war ey seen
biscop eskill i pannan slog han mz ett swerd (en
Han styrthe aff stenen ther han stodh   lsteen)
oc hade när dötth så ran honum blodh
Men fören han skulle dödher bliffua
725 bådhe the iag skulle them offuer honum giffua
Ty han mz troldom wåre gudher stor skade giorde
theras högtiid oc offer mz alle misworde
Jag dömde honum ther han laa
att the skulle honum mz stenar slaa
730 Till tess the såge honum wara dödh
the giorde oc liika som iag them bödh
J Strengenäss thå bleff thetta *giorth*
oc är nw wiith om landhet sporth

Thz war myn hwgh then cristelige tro fördherffue
735 kyrkior oc capell nedher slaå om iag lengher hade
lleffuet

Halsten ingas brodher

Hwar höffdinge bör thz alth haffua till sedh
all osedh oc olagh platt leggia nedh
Konwng swen skötte hwaske lagh eller rett
740 ty war ibland folkit myghen osett
Thz gud tilhörde hade han ey kärtt
om christeliig tro latz han ey ware wärtt
Når han hölth mz almoghen räffstt
the som brotlige wåre gaff han inghen näffstt
745 Han wille ey göra noghen mott
wthen hwar epther sitt sinne han liffwa latt
Ty ware tha monga i Swerges land
som skötte hwaske epther gud eller mand
Jag lagde mig win både natt oc dagh
750 att landhet skulle komma i bätre lagh
Oc styrde thz well epther myn förmåge
lag oc rett höltt altiid mynom almoge
Som konwng Jnghe myn käriste brodher
war iag wedh almoghen spaker oc godher
755 Till gode wende iag saker alle
ty gåffue siig Swenske wedh myna fråfalle

Philppus halstenson

Fwlmectig war iag oc fadhers liike
till rätwiiso oc dygdh i Swerges riike
760 Ty tyckthe Swenske ey haffua mindre nödh
aff miin, en aff miin faderss dödh

Jnge philippi brodher

Jag rådde Swerige epther myn brodher
oc war iag swenskom altiid godher
765 J wretha closther latt mig förgiffua
then megh ey wnthe lengher liiffua
J Telgie ragnill myn hustru liggher
iag troor hon mig nådher aff gud tiggher

Tha stodh
well till j
Swerlige
mz thenna
frendlinga
styrde

Rogwald knaphwod

770 Jag tröste iag war stark oc stoor
wthen wergia iag ind i westhergötland foor
Ösgöthane mig till konwng ophögde
oc flere Swenske ther åthnögde
Aff wesgötherne iag inghen gyslan tog
775 wthen på thera trösth in till them drog
The wredgades oc gåffwe mig sack i ty
oc drepthe mig wedh karlaby

Gamble Swerke

Förrädilse brwkas så mongalwnd
780 ty skall man siig wackta i hwarge stwnd
Tro allom well oc sig sielffuom besth
ty then man plägher troo best. han röness aldre lwersth
Sedhen ösgöther hade mig till konwng satt
myrde mig myn swen en iwla natt
785 När iag skulle fare till kyrkia
sannan gud ther hedra oc dyrka
J Alwastra closther the meg lagde
som iag tha sielffuer sticktatt hade

Sancte Erich

790 Thz är hwar man stoor priiss oc hedher
att holla siin breff ord oc eedher
Besynnerlige then aff all sin acth
som skickatt är i kongelig macth
Om han swer oc segher noghet som är gott
795 hwatt thz heller är myghet eller smott
Som mestaren then wiise Arestotiles
scriffuer i sin bock hoo henne läss
Om höffdingerss regementh och wåldh
till Alexander then mectoge konwng oc båldh
800 Nar iag war wiigd till konwnga macth
mz gud tha giorde iag sådan pacth
Jag loffuade holla then helliga troo
oc lätha henne mz godgerningher groo
På thz tog iag en ring aff gull
805 att iag skulle altiid ther till ware hwll
Till festhningh faå aff biscopens hand
som wnthe meg then hellige and
Ther nästh giorde iag oc sådan iätt
att iag skulle hwar holla wedh lagh oc rätt
810 Jag swoor att holla hwar wedh sin friiheet
som iag och giorde, iag ey annarss weet
Kyrker oc closther lade iag win
att elska them aff all myn siin
Och therass personer bådhe fierran oc när
815 hade iag full myghet i hierthat kär
Godtz oc äghor oc alth hwatt theriss war
tog iag i hegn, beskerm, oc förswar
Att omilda men skulle them ey bekymbra

heller i noghen motte fraå gudz tienisth hindra
820 Ther oppa anammade iag ett swerdh
att föra mz meg i herra ferdh
Them ther mz beskerma mz macth
thz war meg dagelige i acth
Änkior oc teslikes fadherlöss barn 23
825 som komne wåre j wrongwiisa menss garn
Fatiig folck som wåre kompne i walk
oc kwnde ey friid niwtha för en skalk
Onda cristne som ey wille liiffua wäll
them rättha ther mz war ey oskäll
830 Jag loffuade styra mz retwiisheet
mitt riike oc all myn menigheet
Jag skulle och gode ware mill oc hwll
ty togh iag i myn hand ett äple aff gull
På thz iag skulle och nådelige styra
835 antwardades meg en konwngx spira
Jag skulle ey döma eller neffza wthen nåde
ty tolkett plägher wara stoor siäla wådhe
Med crisma iag smordes, som teknade saå
att iag miskwndenis wägh skulle altiid gaå
840 Jag giorde oc så thz besta iag kwnde
som myne wndhersåtte well befwnne
Når the skulle meg myn skatt hem bära
gaff iag them qwitt, oc ey wille honum begära
Jnghen latt iag gaå bedröffdh frå mig
845 wthen han fiik aff meg hwgswalan mz siig
Sedhen på mitt hwud meg till priiss oc ära
en gull krona iag skulle högtiidelige bära
Och merkes ther mz stortt konwngx högbelle

macth, och werdugheet, och mykit welle
850 Jag loffuade holla them lagh oc rätt
som myne föreldre hade skälige sätt
Men the lagh som ware orätt
them lagade iag till bätre sätt
Jag sparde ey fremade oc ey heller wen
855 i retthen ware the mig badhe en
Som iag hade loffuath mz helliandz eed
att gud han skwlle ey warda meg wredh
Oc hempna på mig och myn land
som offtha är skeeth oc än finnes kand
860 Att plåge haffwer någre land offuergått
ty theres konwng haffuer ey i sanheett stått
Och stodh i sanning som iag förmotte
the som owenlige wåre giorde iag till såtte
Når iag hade kommett riiket i retta lagh
865 sampnade iag en här han war ey swagh
Erchebiscopp hendrig aff wpsala iag mz meg togh
oc sedhen mz honum in i findland drogh
Med friid iag försth ther in kom
och bödh them tage wedh cristendom
870 The nekade trona then samme tiid
ty motte iag mz them i en striid
The komme mz macth och wille meg winna
the finnar the finge thå annatt att finna
Än tha theras här war bredher oc långh
875 för oss hade the likawell inghen gångh
Wij droge till hopa å nember oc nember
oc sloges så fasth thz war stoor iember
Ther bleffue både dödhe men oc saåre

meg grwffuade i mitt hierta swåre

880 Ther war skråll. gall. oc gny

thz motte tha höres opp i sky

Brynior och hielmar fasth syndher gingo

the fatiiga finnar the skadhen fingo

Ther störthe i slaghet man offuer man

885 finnane tapthe oc iag segher wan

På then stad ther slaghet stood

strömade blodhen som en flod

Jag sörgde oc fälthe ther monga thåre

för the finska men som slagne wåre

890 Att en tolken stoor manna skare

skulle ewinnerlige tapthe ware

Fynnane togho sedhen then trona

så lagde iag findland wndher Swerges krona

Sedhen foor iag aåther hem

895 erchebiscopp henrigh bleff qwar när them

Att han skulle them ythermera wndherwiisa

hwre the sannan gud skulle hedra oc priisa

Han stadfesthe them i en cristeliig troo

en fagher domkyrke sticthade han i åboo

900 För wthen andra stora och smaå

som han lath ther oppbyggia thå

Och fick hwario sin klerk som war well lärdh

som ther skulle oppe holla gudz tidhegärdh

Han hwgnade alle them som älsthe gudh

905 oc straffuade them som brwthe gudz bwdh

En mandråpare straffuade han en dagh

oc wille honum näffsa epther kyrkennes lagh

Mandråparen wille honum inthet höra

ey syndabätring för mandråpett göra
910 Wthen giik strax borth, oc giorde ey wäll
lithet epther slogh han biscopp henrich i häll
Tio aår epther iag konwng bleff
måns henricson stoor falskheet mott mig bedreff
Han och hans partyr toge illa att liika
915 att iag war konwng i Swerges riike
Med en stoor her han aff danmarck drogh
och meg i häll wed wpsala slogh
Epther gudz byrd mclx [1160] aår
xviij daghen i may och hellige torsdag thz war
920 Jag tacker nw gud i hymmerich
för alle the nådher han giorde mz mich

Karll gamble Swerkes son

Thz motte tha inthet hielpa meg
att iag war konwng för sancte Erich
925 The wnthe monss henrichson myghet wäll
för han slogh sancte Erich i häll
Jag war och wollande i hans dödh
och sedhen ther aff hade iag stoor nödh
Ty för then samme sack och mon
930 tha drepthe meg knwtt ericson
Paå wisingxö twsande hwndrade lxviij aår
sedhen att gudz son tha föddher war

Knwtt Ericson

Jag drepthe konwng karll på wisingxö
935 ty han tilstadde att myn fadher skulle dö
5 Konwng kely (kool) och konwng rysleff

bägges thera liiff tha iag fördreff
Sweriges konwng iag sedhen war
fwlmectig i try oc xx aår
940 Aff aldher och sott iag i gåsene doo
och lagdes i warnem till hwila och roo
Tvsande hwndrade nyotio och tw aår
epther gudz sons byrd bescriffwett står

Swärke Karlson

945 Jag styrde Sweriige mz roo oc specth
till tess myn mågh aff konwnga slecth
Samblade sig folk meg till meen
oc dräpthe mig wett gåstell reen
Twsande tw hwndrade och tio aår
950 epther gudz byrd, i alwastra iag begraffwen war

Erich knwtson sancti Ericx sonason

Jag war i Nörgie i try aår
sedhen iag aff Sweriige wtdreffuen war
Jag wan thz sedhen mz swerdh ighen
955 och rådde thz vij [7] aår wthen meen
Off aldher sott iag på wisingxö dödhe
och lagdess i warnem till roo wthen mödhe

Johan wnge Swärkeson

J barndom iag till konwng wtwaldes
960 oc iij aår oppa wisingxö dwaldes
Och doo epther gudz byrd mccxxij aår
j alwastra iag sedhen begraffwen war

Erich ericson läspe

J mitt tall war iag läsper wedh
965 tesliikes oc haltha war myn sedh
Jag hölth huss ära och ädell sedh
böndher hölth iag wedh godhen friid
Jag war wellogh offuer riikit alth
(o. s. v. se Gamla Krönikan v. 32.)

Härefter följa de genom den yngre redaktionen till ett helt sammanfogade Gamla och Nya Krönikorna, så till vida ändrade, att hvarje konung fortfarande föreställes sjelf talande; jfr s. 198 här framför. Sist vidtager fortsättningen 1452—1520, tryckt i 3:e bandet s. 145—230.

Rättelser i texterna
vid deras aftryckande ur handskrifterna.

Ny början af Gamla Krönikan.

Vers
28 vthaff *är bortfrätt i hds; upptaget ur de andra.*
60 eriks *rättadt från* erik

I Läsarterna.

4439: 5 hampn *rättadt från* hamffdh
4439: 10 och *tillagdt.*

Fortsättning af Gamla Krönikan.

27 lyster *r. fr.* lyste
36 *hela versen upptagen ur F.*
45 magnus *r. fr.* magnis
49 sik » fik
50 förnempda » förnempna
65 kosteliga » kostaliga
80 böndher » bondher
83 skilia *tillagdt.*
89 effemia *r. fr.* offancia
122 *gud upptaget ur F.*
143 thz *tillagdt.*
144 han *tillagdt.*
195 varo *r. fr.* vara *Likaså* 242, 291.
208 forstinne » forstenne

237 hakon *r. fr.* hakan

261 skullen » skullem

345 äro » aro

403 vinna » vnna

411 albrict » albrit

422 hyllath » hylla

442 döödh » doodh

459 stwgw » stundh

538—41 *de första orden i hvarje vers äro upptagna ur F, emedan hds. D här är skadad.*

547 hört *r. fr.* hort

577 hollo » holla

578 follo » folla

Yngsta inledningen till Gamla Krönikan.

51 skeninge *r. fr.* keninge

112 kriigxfolk » krriigxfolk

Om konung Albrekt.

78 thokte *r. fr.* thotte

90 han *tillagdt af utg.*

Lilla Rim-Krönikan.

8 sarugh *r. fr.* arugh

11 allers » aller

27 egipti » egiptum

39 nadom » nadan

41 fempte » septem

162 limfiordh » limsiordh

168 brawallaheed *r. fr.* brwallaheed

171 mö » mä

190 danmark » damark

191 fundh » sundh

198 bretimundersson » bretimdersson

200 mik *tillagdt af utg.*

201 trätälie *r. fr.* trätalie

210 väderhat » värderhat

224 tiänere *upptaget ur C.*

227 örlög *r. fr.* örlåg

233 hendä » henda

239 Olaff » Olsson

247 februario » frebruario

255 giorde iagh » giordigh

271 sweriges » swerige

282 like » lile

289 vrätha » orätha

358 xiij^c » xiii^c i

361,62 *flyttade främst; stå i hds. efter 366.*

377 *hela versen tillagd efter en yngre afskrift.*

401 xiiij^c xiii *r. fr.* xiiij^c viii

409 xiiij^c xxxviii » xiiij^c viii

413 margareta » inagareta

419 vinna » vinnan

423 *hela versen tillagd efter en yngre afskrift.*

428 magdalen *r. fr.* inagdalem

Tillägg till Lilla Rim-Krönikan.
2.

4 myn *r. fr.* mym

25 fördhe *utfyldt; de tre sista bokstäfverna saknas.*

7.

43	söchte	*r. fr.*	sochte
48	brunchkeberg	»	bruchkeberg
84	och	»	oss
104	dagtingen	»	drotningen
108	Stocholm	»	Stocholms
110	thå	»	tha *Likaså* 189, 298.
116	död	»	dod
173	wådle	»	walde
193	samptychte	»	samptelige
219	Brännekyrkio	»	Brannekyrkio
224	folk	»	fole
—	gönom	»	gonom *Likaså* 284.
267	skären	»	skaren
268	mötthe	»	motthe *Likaså* 281.
269	säker	»	saker
286	fienderne	»	fierderne
327	konge	»	kongen
346	wpbygge igen	»	wpgygge ingen
352	hårdare	»	hårande
392	hängdes	»	hangdes
397	halshwgge	»	hashwgge
—	friborne	»	friborme
402	synnerlig	»	symnerlig
405	ifrå	»	ifra
415	bröder	»	broder

Yngre redaktion af Lilla Rim-Krönikan.

79	haffue	*tillagdt.*
154	nu	*tillagdt öfver raden.*

158 illa *tillagdt öfver raden.*

184 väll *likaså.*

185 platt *likaså.*

199 alth *likaså.*

233 Agwnd *r. fr.* Agwng

398 och *tillagdt under raden.*

431 Så *r. fr.* Sa

440 wädherhatt *r. fr.* wadherhatt

466 som *tillagdt öfver raden.*

484 dyrck   *r. fr.*   dryck

513 mönstrett   »   monstrett

519 iordades   »   iordade

594 ån   »   an

646 Eboracensis   »   Naborensis

815 hierthat *är i hds. samtidigt ändr. fr.* mitt hierta

928 iag *tillagdt öfver raden.*

CPSIA information can be obtained at www.ICGtesting.com
Printed in the USA
BVOW06s1805180713

326343BV00002B/10/P